Answer Key for Brazilian and European Student Activities Manuals

PONTO DE ENCONTRO

PORTUGUESE AS A WORLD LANGUAGE

SECOND EDITION

Clémence M. C. Jouët-Pastré
Harvard University

Anna M. Klobucka
University of Massachusetts Dartmouth

Patrícia Isabel Sobral
Brown University

Maria Luci De Biaji Moreira
College of Charleston

Amélia P. Hutchinson
University of Georgia

PEARSON

Boston   Columbus   Indianapolis   New York   San Francisco   Upper Saddle River
Amsterdam   Cape Town   Dubai   London   Madrid   Milan   Paris   Montreal   Toronto
Delhi   Mexico City   São Paulo   Sydney   Hong Kong   Seoul   Singapore   Taipei   Tokyo

Executive Acquisitions Editor: Rachel McCoy
Editorial Assistant: Lindsay Miglionica
Publishing Coordinator: Regina Rivera
Executive Marketing Manager: Kris Ellis-Levy
Marketing Assistant: Michele Marchese
Senior Managing Editor for Product Development:
   Mary Rottino
Associate Managing Editor: Janice Stangel
Production Project Manager: Manuel Echevarria
Project Manager: GEX Publishing Services

Executive Editor MyLanguageLabs: Bob Hemmer
Senior Media Editor: Samantha Alducin
Development Editor MyLanguageLabs: Bill Bliss
Senior Art Director: Maria Lange
Procurement Manager: Mary Fischer
Prepress and Manufacturing Buyer: Alan Fischer
Publisher: Phil Miller
Cover Image: Cosmo Condina/Robert Harding

This book was set in 10/12 Palatino by GEX Publishing Services, and was printed and
bound by Bind-Rite Graphics/Robbinsville.

Printed in the United States of America
2   3   4   5   6   7   8   9   V036   15   14   13

PEARSON

ISBN 10: 0-205-78357-0
ISBN 13: 978-0-205-78357-1

Contents

Contents

Brazilian Portuguese
Answer Key

Brazilian Portuguese Answer Key

PRIMEIROS PASSOS

P-1

1. c
2. b
3. a
4. b

P-2 Answers will vary.

P-3

1. Bom dia
2. Boa tarde
3. Bom dia
4. Boa tarde
5. Boa noite
6. Boa tarde

P-4

1. vai o senhor
2. vai você
3. vai a senhora
4. vai você

P-5

1. Oi!
2. Mal, muito mal
3. Obrigado / Obrigada
4. Até amanhã

P-6

1. a
2. c
3. b
4. c
5. a

P-7

1. Obrigado/a
2. De nada
3. Com licença
4. Sinto muito
5. Desculpe
6. Por favor

P-8

1. pessimista
2. imparcial
3. materialista
4. tradicional
5. introvertido/a
6. calmo/a

P-9

1. Não, eu não sou impaciente. Sou muito paciente. / Não, não sou impaciente. Sou muito paciente / Não, eu não sou impaciente. Sou paciente / Não, não sou impaciente. Sou paciente

2. Não, ela não é incompetente. É competente. / Não, ela não é incompetente. É muito competente.
3. Não, eu não sou pessimista. Sou muito otimista. / Não, eu não sou pessimista. Sou otimista. / Não, não sou pessimista. Sou muito otimista. / Não, não sou pessimista. Sou otimista.
4. Não, ela não é tímida. É muito extrovertida. / Não, ela não é tímida. É extrovertida.

P-10 Answers will vary.

P-11 Answers will vary.

P-12

1. d
2. e
3. b
4. c
5. a

P-13

1. está atrás
2. está em frente
3. está ao lado
4. está entre
5. está em frente
6. está entre

P-14 Answers will vary.

P-15

1. sessenta e cinco
2. noventa
3. setenta e quatro
4. dezesseis
5. vinte e oito

P-16

1. cinco cinco, dois um, três oito um três, vinte e sete, vinte e seis
2. quarenta
3. vinte
4. zero
5. quarenta reais
6. sessenta reais.

P-17 Answers will vary.

P-18

1. sábado
2. segunda-feira
3. domingo
4. quinta-feira
5. sexta-feira

P-19 Answers may vary.

P-20

1. setembro
2. janeiro
3. março
4. novembro
5. julho
6. dezembro
7. fevereiro

P-21

1. vinte e nove de agosto
2. dezoito de setembro
3. vinte e três de outubro
4. quinze de novembro
5. seis de dezembro

P-22

1. c.
2. a.
3. e.
4. d.
5. b.

P-23

1. f
2. e
3. b
4. a
5. c
6. d

P-24

1. F
2. V
3. F
4. F
5. V

P-25 Answers will vary.

LABORATÓRIO

P-26

1. formal
2. formal
3. informal

P-27 Answers will vary.

P-28

1. a
2. c
3. b
4. c
5. a

P-29

1. o/a senhor/a
2. você
3. você

P-30

1. MAL
2. BEM
3. BEM
4. BEM

P-31

a. 3   b. 1   c. 4   d. 2

P-32

1. Até amanhã / Até amanhã.
2. Tchau! / Tchau.
3. Por favor / Por favor.
4. De nada / De nada.
5. Até logo / Até logo.

P-33

1. Não
2. Sim
3. Não
4. Sim

P-34

1. competente
2. moderna
3. elegante
4. otimista
5. idealista
6. sincero
7. independente
8. rebelde

P-35

1. Eu me chamo
2. animada
3. impulsiva
4. amiga Manuela
5. paciente

P-36

1. Maputo
2. Brasília
3. Lisboa
4. Luanda
5. Recife
6. Praia

P-37

1. l
2. g
3. i
4. b
5. f
6. c
7. k
8. j
9. d
10. h
11. e

P-38 Recorded answers:

1. É um relógio.
2. É uma cadeira.
3. É uma mochila.
4. É uma calculadora.
5. É uma televisão.
6. É uma mesa.

P-39 Recorded answers:

1. O livro.
2. O relógio.
3. A professora.
4. Luciana.
5. O quadro.
6. A mesa.

P-40 Recorded answers:

1. Está em frente da professora.
2. Está em cima da mesa.
3. Está ao lado do quadro.
4. Está ao lado da janela.
5. Está ao lado de Luciana.

P-41 Answers provided in corresponding audio recording.

P-42

1. B5, B8, B13	2. I16, I18, I21, I22
3. N31, N38	4. G50, G56
5. O62	

P-43

1. 1, 6, 7	2. 5, 5, 10
3. 10, 10, 20	4. 20, 10, 30
5. 30, 20, 50	6. 40, 50, 90
7. 50, 36, 86	8. 20, 48, 68

P-44 Answers provided in corresponding audio recording.

P-45

1. c   2. a   3. b

P-46 Recorded answers:

1. É quinta-feira.	2. É terça-feira.
3. É sábado.	4. É quarta-feira.
5. É segunda-feira.	6. É domingo.
7. É sexta-feira.	

P-47

1. Não	2. Sim
3. Não	4. Sim
5. Sim	

P-48

1. 7:20	2. 9:15
3. 2:00	4. 3:50
5. 5:30	

P-49 Answers provided in corresponding audio recording.

P-50

1. 4   2. 1   3. 2   4. 3

VÍDEO

P-51

1. m	2. i	3. f	4. l
5. b	6. e	7. d	8. j
9. c	10. g	11. h	12. k
13. a			

P-52

A. Answers will vary. Suggested answers:

Mariana: Vinte anos, estudante de Arquitetura na UFRG (UFRJ). / Twenty years old, studies architecture at UFRG. (UFRJ)

Carlos: Vinte e seis anos, estudante de Geografia na PUC do Rio de Janeiro. / Twenty-six years old, studies geography at PUC-Rio.

Dona Raimunda: Nasceu no dia 6 de fevereiro de 1944, no Ceará. / Born February 6, 1944, in the state of Ceará.

Chupeta: Chama-se Carlos, vinte e oito anos, formado em Publicidade e Educação Física, apelido Chupeta. / Real name Carlos, twenty-eight years old, college degrees in Advertising and Physical Education, nickname Chupeta.

Mônica: Vinte e seis anos, gaúcha de Pelotas do Rio Grande do Sul. / Twenty-six years old, a native of Pelotas in the state Rio Grande do Sul (whose inhabitants are called **gaúchos** in Brazil).

Daniel: Dezessete anos, nasceu no Rio de Janeiro. / Seventeen years old, born in Rio de Janeiro.

Adriana: Trinta e seis anos, nasceu em Niterói. / Thirty-six years old, born in Niterói.

Rogério: Trinta e quatro anos, professor, pesquisador de samba-enredo, carnaval e MPB, atualmente trabalha para a prefeitura dinamizando oficinas de cidadania e direitos humanos. / Thirty-four years old, teacher, researcher of Rio-style samba, carnival, and MPB (Música Popular Brasileira), currently works for the city hall directing citizenship and human rights workshops.

Juliana: Vinte anos, estuda na PUC do Rio. / Twenty years old, studies at PUC-Rio.

Dona Sônia: Cinquentq e um anos, artesã, mora na Penha Circular há mais ou menos dez anos, tem um filho de vinte e sete anos que é um gato. / Fifty-one years old, artisan, has lived in Penha Circular for more or less ten years, has a twenty-seven year old son who's very good looking.

Sandra: Quarenta e cinco anos, mora em Copacabana no Rio. / Forty-five years old, lives in Copacabana neighborhood of Rio de Janeiro.

Caio: Vinte e oito anos, ator, faz faculdade de Teatro. / Twenty-eight years old, studies theater arts at the university.

Manuela: Vinte e um anos, mora na Barra da Tijuca. / Twenty-one years old, lives in Barra da Tijuca.

B. Answers will vary.

LIÇÃO 1

PRÁTICA

1-1
1. Economia
2. Literatura
3. Sociologia
4. Anatomia

1-2 Answers will vary.

1-3
1. Português
2. livraria
3. mapas
4. no laboratório de línguas
5. computadores
6. Álgebra

1-4
1. b
2. g
3. d
4. e
5. f
6. a
7. c

1-5
1. universidade
2. Português
3. dinâmico
4. falam
5. Matemática
6. comprar
7. caderno
8. escuta

1-6
1. Nós
2. Ele
3. Ela
4. Eles
5. Você
6. Eu

1-7
A.
1. você
2. nós
3. eu

B.
4. eles
5. você
6. Eu

C.
7. o senhor
8. eu

1-8
1. conversa
2. estuda
3. chegam
4. trabalha
5. ando

1-9
1. conversamos
2. trabalha
3. chego
4. jantam
5. estuda
6. compram

1-10
1. Estudo na biblioteca.
2. Não trabalho.
3. Falamos português.
4. Dançamos na discoteca.
5. Almoçamos ao meio dia.

1-11
1. a
2. os
3. o
4. a
5. o
6. os
7. o
8. a
9. o
10. as

1-12
A.
1. um
2. uma

B.
3. o
4. a
5. o

C.
6. os
7. o
8. o
9. as
10. as
11. as

D.
12. umas
13. uns

1-13
1. Vocês procuram os mapas de Portugal
2. Nós também dançamos com uns colegas da universidade
3. Você e a Clarice compram umas canetas
4. Os amigos da Alice estudam muito para as aulas
5. Os colegas de Ricardo adoram as discotecas

1-14 Answers will vary.

1-15
1. universidade
2. restaurantes da cidade
3. na discoteca
4. em casa
5. laboratório
6. dormitórios
7. montanhas

1-16
1. gosta do restaurante universitário, mas não gosta das mesas do restaurante
2. gosta da aula de História, mas não gosta da sala de aula
3. gosta das sextas-feiras, mas não gosta dos domingos
4. gosta do restaurante São Jorge, mas não gosta do café Belém
5. gosta da praia, mas não gosta do ginásio
6. gosta da Adélia, mas não gosta dos amigos da Adélia

1-17 Answers will vary.

1-18

A.
1. do   2. na

B.
3. ao   4. às   5. ao
6. à   7. no

C.
8. da   9. da
10. na   11. na

1-19
1. b   2. c
3. d   4. a

1-20 Answers may vary. Sample answers:
1. Eu estou em casa às oito da manhã.
2. Vocês estão na biblioteca à uma e meia da tarde.
3. Ela está na praia às dez e dez da manhã.
4. Eu e ele estamos na discoteca às nove e quinze da noite.
5. Você está no laboratório às três e quarenta e cinco da tarde./às quinze para as quatro.

1-21 Answers will vary.

1-22
1. Rita Freitas.
2. Do Brasil.
3. Inglês e português.
4. Na biblioteca.
5. Rua do Mercado, 140, Recife.
6. É 81-3361-7890.
7. Para estudar.
8. Cinco.

1-23
1. Qual   2. Quando
3. Quanto   4. Como
5. Quantos   6. Quem
7. Por que   8. Quantas

1-24
1. Quando?   2. Como?
3. Quantas?   4. Quem?
5. Onde?

1-25 Answers will vary.

1-26
1. come   2. escrevo
3. assiste   4. aprende
5. como   6. resistem

1-27 Answers will vary.

1-28
1. mochila, toca-CDs e papel
2. mochilas e canetas
3. cadernos e papel

1-29
1. b   2. b
3. c   4. a

1-30 Answers will vary.

1-31
1. b   2. b
3. a   4. a
5. b   6. b
7. a

1-32 Answers will vary.

1-33 Answers will vary.

1-34
1. c   2. b
3. c   4. b
5. a   6. b
7. c

LABORATÓRIO

1-35
1. a   2. b
3. b   4. b

1-36
1. Verdadeiro   2. Verdadeiro
3. Verdadeiro   4. Falso
5. Falso   6. Falso
7. Verdadeiro   8. Falso

1-37
1. na biblioteca / biblioteca
2. Economia
3. difícil
4. Às onze
5. Jim
6. Às dez

1-38
1. Faculdade de Ciências Humanas, Centro de Computação
2. está nas aulas, estuda
3. biblioteca, café
4. estuda, conversa com amigos
5. em casa

6. estuda, conversa com a família
7. praia, discoteca
8. caminha, anda de bicicleta, dança

1-39 Answers will vary.

1-40

1. a senhora
2. vocês
3. os senhores
4. você

1-41

1. você
2. eles
3. nós
4. eu, vocês
5. ela
6. você

1-42 Recorded answers:
1. Eu chego às dez da manhã.
2. Paulo chega às nove da manhã.
3. João e Alice chegam às onze da manhã.
4. Pedro e eu chegamos às duas e meia da tarde.
5. Você chega às três da tarde.

1-43

1. Não, não falam não.
2. Não, não caminho não.
3. Não, não trabalha não.
4. Não, não chegamos não.
5. Não, não estudo não.

1-44 Recorded answers:
1. Escuto os CDs.
2. Você precisa dos gravadores.
3. Ele compra os cadernos.
4. Precisamos de umas mochilas.
5. Eu danço nos salões.
6. Eles falam com uns estudantes.
7. Você fala com umas senhoras.
8. Há umas cadeiras.

1-45

1. f
2. e
3. c
4. b
5. d
6. a

1-46 Recorded answers:
1. Tomás está no ginásio às oito.
2. Rosa está na biblioteca às dez e meia.
3. Nós estamos na faculdade às onze.
4. Eles estão no restaurante à uma.
5. Ana e eu estamos na aula de Física às duas e quinze.
6. Eu estou em minha casa às sete.

1-47 Answers will vary.

1-48 Answers will vary.

1-49

1. Sim
2. Sim
3. Não
4. Não
5. Sim
6. Sim
7. Sim

1-50

1. a. Falso
   b. Falso
   c. Verdadeiro
2. a. Verdadeiro
   b. Falso
   c. Verdadeiro
   d. Verdadeiro
   e. Falso
3. a. Verdadeiro
   b. Verdadeiro
   c. Falso
   d. Falso
   e. Verdadeiro
   f. Falso

VÍDEO

1-51

1. c
2. f
3. a
4. b
5. d
6. e

1-52

1. semana
2. Corporal
3. duas
4. três
5. à noite
6. professora
7. sete
8. onze
9. terças
10. às cinco da tarde

1-53 Answers will vary. Sample answers:
1. semelhanças: aulas duas ou três vezes por semana; diferenças: não estudo Interpretação
2. semelhanças: eu também trabalho; diferenças: aulas de manhã e à tarde
3. semelhanças: aulas às terças e quintas; diferenças: aulas das nove às quatro

1-54

1. Gramática da Língua Portuguesa
2. Filosofia, Sociologia, Ética no Jornalismo
3. Língua Portuguesa

1-55 Answers will vary. Sample answers:
A. 1. o vestibular para Engenharia Ambiental
   2. Que é muito difícil
B. 3. não é comum,
   4. o pré-vestibular comunitário

1-56

| 1. V | 2. F | 3. F | 4. F |
| 5. V | 6. F | 7. V | 8. V |

LIÇÃO 2

PRÁTICA

2-1

1. d	2. a
3. e	4. b
5. c	6. f

2-2

1. alto	2. solteiro
3. jovem	4. magro
5. agradável	6. pobre

2-3

1. faladora	2. trabalhador
3. bonita	4. rico
5. curto	

2-4

1. cabo-verdiana
2. português
3. brasileira
4. angolano
5. moçambicana

2-5 Selected items:

1. faladora, bonita
2. materialista, velho, loiro
3. populares, inteligentes, atléticas
4. agradáveis, trabalhadores
5. extrovertido, engraçado, simpático

2-6

1. brasileiro	2. norte-americano
3. brasileira	4. africanos
5. portuguesa	

2-7

1. verde, vermelha, azul, amarela e branca.
2. vermelha, preta e amarela.
3. verde, branca, preta, amarela e vermelha.
4. azul, branca, vermelha e amarela.
5. vermelha, amarela, verde e preta.

2-8 Answers will vary. Sample answers:

1. As moças norte-americanas são trabalhadoras e competentes.
2. Os meus amigos são trabalhadores e organizados.
3. A Madonna é famosa e fascinante.
4. O Arnold Schwarzenegger é forte e atlético.
5. Eu sou divertido/a e paciente.

2-9

1. é do José
2. são do Afonso
3. é da Lurdes
4. é da Rita
5. são do Ernesto e da Ana

2-10

1. da	2. do
3. de	4. do, de
5. das, de	

2-11 Answers will vary. Sample answers:

| 1. Sou de… | 2. É às… |
| 3. É… | 4. É do/da… |

2-12 Answers will vary. Sample answers:

1. Oi Zé. Tudo bom?
2. Eu também estou bem, obrigada.
3. Estou no hotel.
4. É…
5. É…
6. É / Não é em frente à praia.
7. Volto no dia ….Que horas são aí agora?
8. Onde está o papai?

2-13

1. é	2. estão
3. é	4. estamos
5. são	6. é, está
7. está	8. é

2-14

1. é	2. São
3. está	4. é
5. é	6. é
7. é	8. estão
9. está	10. está

2-15

1. é	2. está
3. está	4. é
5. são	6. é
7. é	

2-16

1. meu	2. seu
3. suas	4. sua
5. seus	

2-17 Answers will vary. Possible answers:
1. O programa de televisão preferido dele é…
2. O ator preferido dele é…
3. O restaurante preferido dela é…
4. A música preferida dele é…
5. O cantor preferido dela é…

2-18

A.
1. deles
2. deles
3. deles
4. dela
5. dele

B.
6. nossa / minha
7. dela
8. meu / nosso
9. nossos / meus

2-19
1. d
2. e
3. b
4. a
5. c

2-20 Answers may vary. Suggested answers:
1. Carlos Silveira / O nome da escola é Carlos Silveira.
2. Em São Paulo / Na cidade de São Paulo
3. Avenida Sampaio de Oliveira, 1276
4. (11) 864-36565 / É (11) 864-36565
5. Pintura, cultura, dança / Oferecem cursos de pintura, cultura, e dança. / Cursos de pintura, cultura e dança como samba, forró, frevo e capoeira.

2-21 Answers will vary.

2-22 Answers will vary.

2-23
1. Falso
2. Verdadeiro
3. Falso
4. Falso
5. Verdadeiro
6. Falso
7. Falso
8. Verdadeiro
9. Verdadeiro
10. Falso

LABORATÓRIO

2-24
a. 1
b. 4
c. 3
d. 2

2-25
1. Falso
2. Falso
3. Verdadeiro
4. Falso
5. Falso

2-26
1. f
2. a
3. b
4. e
5. d
6. c

2-27
1. Ernesto
2. brasileiro
3. dezenove
4. moreno, alto, gosta de música
5. UNICAMP, biblioteca
6. Ana Mota
7. brasileira
8. vinte e cinco
9. loira e faladora
10. escritório, casa

2-28
1. excelente
2. simpático
3. bonita
4. jovens
5. nervoso
6. contente

2-29
1. olhos castanhos, inteligente
2. baixo, tímido
3. olhos azuis, trabalhadoras
4. olhos verdes, faladores

2-30 Recorded answers may vary. Suggested answers:
1. às nove da noite, na universidade
2. às duas da tarde, na biblioteca
3. às nove, na casa do Júlio
4. às oito da noite, no restaurante
5. às onze da manhã, na Faculdade

2-31
1. é
2. estamos
3. são
4. está
5. estão
6. somos

2-32
1. meus
2. sua
3. nossa, meus
4. nossos
5. meu
6. seu

2-33 Recorded answers:
1. Não, não é a casa deles.
2. Não, não são os amigos dele.
3. Não, não são seus lápis.
4. Não, não são meus livros.
5. Não, não é a família dela.
6. Não, não são os professores dela.

2-34

1. Verdadeiro
2. Falso
3. Verdadeiro
4. Falso
5. Verdadeiro

2-35

1. c
2. b
3. c

2-36

1. Paulo, tomar um café e conversar / conversar e tomar um café / conversar /tomar um café, café da biblioteca
2. Inês / Inês, praticar português, restaurante da Faculdade de Letras / restaurante da Faculdade / restaurante
3. Lúcia / Lúcia, trabalhar, Faculdade

VÍDEO

2-37

1. angolanos, portugueses, espanhóis, franceses, alemães
2. engenheiros, professores, informáticos, vendedores
3. artistas, escritores, músicos

2-38

1. onze e oitenta e quatro
2. não é
3. agregar
4. tem
5. dez
6. faculdade
7. escola e do folclore
8. malandro

2-39 Answers will vary.

2-40

1. decoro
2. perfeccionista, crítica
3. extrovertido, responsável
4. perfeccionista
5. caseiro, reservado, alegre
6. extrovertida, tímida, palhaça

2-41 Answers will vary.

LIÇÃO 3

3-1

1. c
2. f
3. b
4. e
5. g
6. a
7. d

3-2 Answers will vary. Sample answers:

1. Eu tomo sol e nado.
2. Vou todos os domingos.
3. Escuto Música Popular Brasileira.
4. De manhã.
5. Eles dançam e conversam.

3-3

1. b
2. a
3. c

3-4

Horizontais:

1. canta;
2. compra;
3. cinemas;
4. casa;
5. assistir;
6. biblioteca;
7. nada;
8. cinema;
9. abrimos;
10. como;
11. praia;
12. ricas

Verticais:

1. come;
2. música;
3. estuda;
4. assiste;
5. morar;
6. escritório;
7. filme;
8. toma;
9. dançamos;
10. fala;
11. escreve;
12. jogar;
13. mar

3-5

1. f
2. c
3. e
4. d
5. a
6. b

3-6 Answers will vary. Sample answers:

1. Maria vai comprar hambúrgueres, cerveja e refrigerantes.
2. Tomás e Cristina vão alugar bicicletas.
3. Jussara vai procurar uma boa música e vai conversar muito.
4. Eu vou procurar água.
5. Cláudia e eu vamos preparar frango assado.
6. Todos nós vamos tocar violão.

3-7

1. comem
2. discutem
3. come
4. discute
5. come
6. discute
7. comemos
8. discutimos
9. comem
10. discutem

3-8 Answers will vary.

3-9

1. corro
2. nado
3. toco
4. ando
5. pratico
6. danço

3-10 Answers will vary.

3-11

1. vamos
2. vão
3. vai
4. vai
5. vou

3-12

1. e
2. a
3. b
4. c
5. d

3-13

1. b
2. c
3. a
4. d
5. e

3-14

1. e
2. a
3. b
4. c
5. d

3-15

1. b
2. a
3. d
4. c
5. e

3-16

1. corro
2. assisto
3. como
4. estudo
5. ando
6. escuto
7. escrevo
8. danço

3-17

1. falso
2. falso
3. verdadeiro
4. falso
5. verdadeiro

3-18

1. temos,
2. temos,
3. tenho,
4. temos,
5. têm,
6. tem

3-19

1. 230
2. 465
3. 849
4. 712
5. 974
6. 655

3-20

1. Nordeste
2. Rio Grande do Norte, Paraíba, Piauí, Pernambuco
3. 573 km
4. 610 km
5. entre 24° e 30°C

3-21

1. para
2. pelo
3. por
4. para
5. para

3-22

1. para
2. pelas
3. para
4. para
5. pela
6. para
7. pelo

PARA LER

3-23 Answers will vary. Sample answers:

1. Uma marca de café.
2. Fresco, incomparável e estimulante.
3. *O Moreno* é amigo inseparável nos bons e nos maus momentos.
4. Feliz.
5. Café Pilão.
6. Tomo de manhã.

3-24 Answers will vary.

3-25 Answers will vary.

3-26

1. v
2. f
3. v
4. f
5. v
6. f
7. v
8. v
9. v
10. f

3-27

Descrição 1

1. falso
2. falso
3. verdadeiro
4. falso
5. verdadeiro

Descrição 2

6. verdadeiro
7. falso
8. verdadeiro
9. falso
10. verdadeiro

3-28 Answers will vary. Sample answers:

1. Escuto, sim.
2. Não, não danço não.
3. Tomo, sim.
4. Não, não converso não.
5. Nado, sim.

3-29

1. Falso
2. Verdadeiro
3. Falso
4. Falso
5. Verdadeiro
6. Falso

3-30 Answers will vary.

3-31

1. peixe, batatas
2. presunto, queijo
3. alface, tomates
4. suco de laranja, arroz
5. leite, cereal
6. frango, legumes
7. café, pão
8. sorvete, frutas

3-32 Answers will vary. Sample answers:

1. Olga deve comer peixe.
2. Olga não deve comer pão.
3. Olga deve beber suco.
4. Olga não deve comer sobremesa.

3-33 Recorded answers:

1. Você come massa e salada.
2. Paulo come frango com legumes. *ou* Paulo come frango com verduras.
3. Olga e Laura comem salada.
4. Nós bebemos refrigerante.
5. Eu como um hambúrguer.

3-34 Recorded answers:

1. Luciana escreve para o jornal de Juazeiro do Norte.
2. Renata e Lígia escrevem para o jornal de Fortaleza.
3. Maria Luísa escreve para o jornal de Quixeramobim.
4. Pedro e eu escrevemos para o jornal de Sobral.
5. Os amigos do Roberto escrevem para o jornal de Tauá.

3-35

1. Sexta, 15
2. Sábado, 16
3. Segunda, 11
4. Quarta, 13
5. Terça, 12
6. Quinta, 14

3-36 Answers will vary. Recorded answers:

1. Nós vamos assistir televisão esta noite.
2. Nós vamos estudar amanhã. / Nós vamos ler amanhã.
3. Nós vamos escrever na quarta.
4. Nós vamos cantar na sexta.
5. Nós vamos dançar no sábado.
6. Nós vamos caminhar no domingo. / Nós vamos andar no domingo.

3-37

1. falso
2. verdadeiro
3. verdadeiro
4. falso
5. verdadeiro
6. falso
7. verdadeiro
8. verdadeiro
9. verdadeiro
10. falso

3-38

1. 287
2. 504
3. 213
4. 704
5. 1.000

3-39

1. 189
2. 293
3. 410
4. 577
5. 886
6. 764
7. 945
8. 638
9. 1. 900
10. 1.000.000

3-40

1. para
2. por
3. pela
4. para

3-41

1. Para o Ceará.
2. Quanto tempo vão ficar lá?
3. A viagem custa $2.500 dólares.
4. Como é a comida nordestina?
5. Cauã.
6. 667-3245.

3-42

1. d
2. c
3. e
4. b
5. a

3-43

1. verdadeiro
2. falso

3-44 Answers may vary.

3-45

1. e
2. b
3. a
4. b
5. c

3-46

1. Dona Sônia: é
2. não gosta
3. não vai
4. sempre ia
5. tem
6. é
7. adora
8. é
9. gosta
10. não é
11. gosta
12. não é
13. adora
14. não sai
15. não pode
16. não goste
17. dançam

3-47 Answers may vary.

LIÇÃO 4

4-1

1. b
2. d
3. e
4. a
5. c

4-2

1. a irmã
2. primos
3. o pai
4. a mãe
5. os avós
6. o neto
7. o tio
8. a filha

4-3

1. Economia
2. Sueli Borges Ribeiro
3. pai
4. Elvira
5. filhos
6. cem

4-4 Answers will vary. Sample answers:

1. Minha família é pequena/grande.
2. Tem…
3. Tenho…
4. Meu irmão tem…
5. Meu pai trabalha… Minha mãe trabalha…
6. Eles moram…
7. Sou…
8. Tenho…/Não tenho…

4-5

1. peço
2. pede
3. sugere
4. prefiro
5. pede
6. prefere
7. sugerimos
8. sugere
9. pede
10. peço
11. sugiro
12. prefere

4-6

1. c
2. a
3. a
4. b
5. a

4-7

1. durmo
2. dormem
3. dorme
4. dormem
5. dormimos

4-8

1. d
2. c
3. b
4. e
5. a

4-9

1. devagar
2. irregularmente
3. informalmente
4. rapidamente
5. calmamente
6. facilmente
7. nervosamente
8. diariamente

4-10

1. normalmente
2. Geralmente
3. regularmente
4. frequentemente
5. simplesmente
6. relativamente

4-11 Answers will vary.

4-12

1. saem
2. diz
3. faz
4. saio
5. faço
6. ponho
7. digo
8. traz
9. põe
10. pomos

4-13 Answers will vary, but should contain the following verb forms:

1. faço
2. saio
3. ponho
4. trago
5. saio

4-14

1. faço
2. faz
3. faço
4. trago
5. trazemos
6. digo
7. digo

4-15 Answers will vary. Sample answers:

1. Faz … que faço ginástica. Faço ginástica faz…
2. Há … que quero comprar um computador novo. Quero comprar um computador novo há…
3. Faz … que não durmo 10 horas. Não durmo 10 horas faz …
4. Há … que não tenho tempo para… Não tenho tempo para… há…
5. Faz… que (não) saio com… (Não) Saio com… faz…
6. Faz… que (não) ouço… (Não) Ouço… faz…

4-16

1. dormiu
2. assistiu
3. tomou
4. foi
5. estudou
6. preparou
7. serviu
8. saiu
9. foram

4-17 Answers will vary, but should contain the following verb forms:

1. dormi
2. saí
3. comi
4. assisti
5. trabalhei
6. …Para ler

4-18 Answers will vary.

4-19 Answers may vary.

1. b
2. c
3. a
4. b
5. d
6. a
7. d
8. a
9. c

4-20

1. interessantes
2. reduzidos
3. dominantes
4. acompanhadas
5. alimentares
6. aposentada

4-21 Answers will vary.

4-22

1. b
2. a
3. b
4. a
5. c
6. c
7. b
8. c

4-23

1. maior
2. menor
3. Yanomami
4. peixes-boi
5. surfistas
6. altas
7. cinco
8. maior

LABORATÓRIO

4-24

1. 3
2. 7
3. 2
4. 1
5. 4
6. 5
7. 8
8. 6

4-25

1. dois avôs
2. onze primas
3. um padrasto
4. dois meios-irmãos
5. dez tios
6. três irmãs
7. sete tias
8. cinco primos

4-26

1. pai
2. irmão mais velho
3. primo
4. irmão mais novo
5. tia
6. mãe

4-27

1. Sim
2. Não
3. Não
4. Não
5. Sim

4-28

1. Cristina
2. Ângela
3. Ângela
4. Diogo
5. Conrado
6. Ester
7. Leonor
8. Ernesto
9. Leonor
10. Pedro
11. Ernesto
12. Ester
13. Cristina
14. Pedro

4-29 Recorded answers:

1. No sábado, Helena dorme dez horas.
2. Na quarta, Paulo e Carlos dormem sete horas.
3. Na segunda, nós dormimos seis horas.
4. No domingo, eu durmo nove horas.
5. Na quinta, você dorme oito horas.

4-30 Recorded answers:

1. João prefere cerveja. Sirvo cerveja para ele.
2. Camila e Helena preferem Coca-Cola. Sirvo Coca-Cola para elas.
3. Laura prefere suco de laranja. Sirvo suco de laranja para ela.
4. Marcelo e eu preferimos chá. Sirvo chá para nós.
5. Regina prefere vinho. Sirvo vinho para ela.
6. Você prefere água mineral. Sirvo água mineral para você.

4-31 Recorded answers:

1. Mas eu prefiro água com gás.
2. Mas Flávia prefere bife.
3. Mas Flávia prefere refrigerante.
4. Mas eu prefiro torradas.
5. Mas Flávia prefere massa.
6. Mas eu prefiro sopa de legumes.

4-32

1. b
2. c
3. c
4. b
5. a

4-33

1. a
2. c
3. b
4. b

4-34 Recorded answers:
1. Algumas crianças jogam bola alegremente.
2. Outras crianças correm rapidamente.
3. Os pais falam com seus filhos frequentemente.
4. As mães conversam tranquilamente.
5. As famílias passam uma tarde de sábado normalmente.

4-35
1. Sim
2. Não
3. Sim
4. Sim
5. Não

4-36 Recorded answers:
1. Eu também faço a cama.
2. Eu também preparo o café da manhã.
3. Eu também trago o jornal.
4. Eu também saio para comprar a comida.
5. Eu também ponho os pratos na mesa.

4-37 Recorded answers:
1. Carlos diz "obrigado".
2. Sílvia diz "obrigada".
3. Pedro e Mário dizem "obrigado".
4. Joana e Rita dizem "obrigada".

4-38
1. 8 anos
2. 4 anos
3. 6 meses
4. 3 anos

4-39
1. Alberto e Cristiano
2. Alberto
3. Cristiano
4. Cristiano
5. Alberto
6. Cristiano
7. Alberto e Cristiano

4-40
1. Sim
2. Sim
3. Não
4. Não
5. Não

4-41
1. b
2. a
3. c
4. b
5. c

4-42

Primeiro passo. Answers may vary.
1. marido e filho
2. mãe, irmã mais velha, irmão do meio, não tem pai, tem seis sobrinhos-netos
3. pais separados, uma irmã

Segundo passo. Answers may vary.
A. 4. Ele não trabalha, é aposentado.
   5. O filho trabalha e estuda.
   6. A família se reúne aos domingos de manhã.
   7. Eles leem jornal (e discutem sobre os assuntos que estão no jornal).´
B. 8. Não, ele nasceu em casa, em Vigário Geral (porque a avó dele era parteira).
   9. Rogério no ano de 1971 (na noite mais fria do ano).
C. 10. Mariana vive com a mãe.
   11. O pai mora em Teresópolis.
   12. A irmã mora com o pai.
   13. Eles tentam almoçar juntos, fazer festas ou churrascos.
Terceiro passo. Answers will vary.

4-43
1. Falso
2. Falso
3. Verdadeiro
4. Falso
5. Verdadeiro
6. Falso
7. Verdadeiro
8. Verdadeiro

4-44
1. Falso
2. Falso
3. Verdadeiro
4. Verdadeiro
5. Verdadeiro
6. Falso

4-45 Answers may vary. Sample answers:
A. 1. é o homem em relação à casa, em relação a sua própria família.
   2. responsável pela parte financeira da família.
   3. a mulher está no mercado de trabalho; há famílias onde o homem fica em casa cuidando da família e a mulher sai para trabalhar.
B. 4. chefe da família
   5. pode ser a chefe da família que traz dinheiro para dentro de casa e sustenta os filhos.
   6. tem a ausência do pai ou a ausência da mãe.
C. Answers will vary.

LIÇÃO 5

PRÁTICA

5-1

1. O quarto de dormir
2. A sala de estar
3. O quarto de dormir
4. A cozinha
5. A sala de jantar, a sala de estar, a cozinha, o terraço
6. O banheiro
7. O terraço
8. A cozinha
9. A sala de jantar, a sala de estar, o quarto de dormir, o banheiro.
10. A sala de estar, a sala de jantar, o quarto de dormir, o banheiro

5-2

1. sofá	2. cama
3. poltrona	4. abajur
5. geladeira	6. banheiro
7. jardim	8. toalha
9. cozinha	10. tapete
11. garagem	12. armário

5-3

1. b	2. a
3. d	4. e
5. c	

5-4 Answers will vary. Sample answers:

1. As cortinas são…
2. A mesa da sala de jantar é…
3. As plantas são…
4. O sofá é…
5. A casa é…

5-5

1. lavar a roupa
2. limpar o jardim
3. limpar a churrasqueira

5-6

1. c	2. e
3. h	4. f
5. j	6. i
7. a	8. d
9. g	10. b

5-7 Answers will vary.

5-8

1. e	2. f
3. g	4. a
5. d	6. b
7. c	

5-9

1. f	2. b
3. e	4. d
5. c	6. a

5-10

1. está preparando
2. estou arrumando
3. está passando
4. está limpando
5. está arrumando
6. está tirando
7. está caminhando
8. estamos lavando

5-11

1. tem razão	2. fica com sede
3. estão com fome	4. temos sorte
5. estou com pressa	

5-12 Answers will vary.

5-13

1. Alberto sempre tem muita sorte.
2. Lisa está com pressa porque a aula dela começa às dez.
3. Nós sempre temos muito cuidado na estrada.
4. É uma da tarde e os estudantes estão com fome e com sede.
5. Você não fica com fome quando não almoça?
6. Eu tenho medo do professor de Biologia.

5-14

1. aquele	2. esse
3. estes	4. esses
5. este	

5-15

1. isso	2. isto
3. aquilo	4. aquilo
5. isso	6. isto

5-16

1. este	2. nesse
3. destes	4. desses
5. esses	6. estas
7. essas	8. estas
9. nesse	10. essas

5-17

1. vem
2. dá
3. vem
4. dá
5. vêm
6. dão
7. vimos
8. damos
9. vem
10. dá

5-18

1. lê
2. leem
3. lemos
4. leio
5. lê
6. veem
7. vejo
8. vê
9. vemos
10. vê

5-19

1. vejo
2. vemos
3. damos
4. vem
5. dar
6. dá
7. vejo

5-20

1. sei
2. sabe
3. conheço
4. conheço
5. sabem
6. sabe

5-21

1. conhece
2. conheço
3. conhecer
4. sabe
5. sei
6. conhece
7. conhecer

5-22

1. sabem
2. sabe
3. conhece
4. sabe
5. conhecem

MAIS UM PASSO

5-23

1. se levanta
2. se olha
3. se enxuga
4. se veste
5. se deita

5-24 Answers will vary, but should contain the following:

1. Eu me levanto…
2. Eu me levanto… / Eu não me levanto…
3. Eu me visto…
4. Answer will vary.

PARA LER

5-25

1. Bancrédito.
2. R$ 100.000
3. 12 meses / doze meses
4. 5 anos / cinco anos
5. sua assinatura

5-26

1. Falso
2. Verdadeiro
3. Falso
4. Verdadeiro
5. Verdadeiro
6. Falso
7. Falso

5-27

1. limpeza
2. recomendação
3. alegria

5-28 Answers will vary. Sample answers:
A sala é escura. Recomendo pôr luz artificial.
As paredes estão sujas. Recomendo pintar as paredes.
As janelas estão quebradas. Recomendo janelas novas.

5-29 Answers will vary.

HORIZONTES

5-30

1. F
2. F
3. V
4. F
5. V
6. V
7. F
8. F
9. F
10. V

LABORATÓRIO

5-31

1. Não
2. Sim
3. Sim
4. Sim
5. Não
6. Não

5-32 Recorded answers:

1. O chuveiro está no banheiro.
2. O sofá está na sala de estar.
3. A cama está no quarto.
4. O micro-ondas está na cozinha.
5. O vaso sanitário está no banheiro.
6. A mesa grande está na sala de jantar.
7. A geladeira está na cozinha.

5-33

1. Sofá, Poltrona, Mesa e Cadeiras
2. Geladeira e Fogão
3. Mesa e Cadeiras
4. Máquina de lavar e de secar
5. Dois armários, Cama, Mesinha, Televisão, Tapete, Cortinas e quadros

5-34

1. TOMÁS
2. TOMÁS
3. TOMÁS
4. ADRIANA
5. ADRIANA
6. TOMÁS

5-35

1. Dorme até s 9 horas
2. Dorme até as 9 horas e lê o jornal
3. Liga a TV
4. Lava o carro e escuta o rádio
5. Joga tênis
6. Corre na praia
7. Vai a um café
8. Janta na casa de amigos
9. Dança em uma discoteca

5-36 Answers will vary.

5-37

1. b
2. a
3. c
4. e
5. d

5-38 Recorded answers:

1. Mas hoje eles não estão trabalhando.
2. Mas hoje elas não estão nadando.
3. Mas hoje ele não está dormindo.
4. Mas hoje ele não está almoçando.
5. Mas hoje não estão servindo.
6. Mas hoje você não está lendo.

5-39

1. Está com sono.
2. Está com fome.
3. Está com medo.
4. Está com pressa.
5. Está com sorte.

5-40

1. falso
2. verdadeiro
3. verdadeiro
4. verdadeiro
5. falso

5-41 Answers will vary.

5-42

1. perto
2. ao lado
3. longe
4. perto
5. ao lado
6. longe

5-43 Recorded answers:

1. Quero esta revista.
2. Prefiro este micro-ondas.
3. Compro estas cortinas.
4. Quero este quadro.
5. Prefiro estas toalhas.

5-44 Recorded answers:

1. Nesse escritório.
2. Nesse café.
3. Nessa livraria.
4. Nesse parque.
5. Nesses edifícios.

5-45 Recorded answers:

1. Gosto daquele.
2. Gosto daquelas.
3. Gosto daqueles.
4. Gosto daquela.
5. Gosto daquele.

5-46

1. Sim
2. Não
3. Não
4. Sim
5. Sim
6. Não
7. Não

5-47

1. Sabe
2. Conhece
3. Sabe
4. Sabe
5. Conhece

5-48 Recorded answers:

1. Sei que ele é de São Paulo.
2. Sei que estuda Economia.
3. Conheço sua família.
4. Sei que ele joga futebol muito bem.
5. Sei que toca violão.
6. Conheço sua namorada.

5-49

1. Alfredo
2. Miguel e Alfredo
3. Alfredo
4. Miguel e Alfredo
5. Miguel

5-50 Recorded answers:
1. Alice se levanta às sete e meia.
2. Você se levanta às oito.
3. Eu me levanto às nove.
4. Meu pai se levanta às seis.

5-51
1. Verdadeiro
2. Falso
3. Falso
4. Verdadeiro
5. Verdadeiro

VÍDEO

5-52 Metropolitano, Ipanema, Encantado

5-53
1. c
2. d
3. a
4. b

5-54
A.
1. F
2. V
3. F
4. V

B.
5. F
6. F
7. V
8. V
9. F
10. V
11. F

C.
12. V
13. F
14. F
15. F
16. F

5-55 Answers will vary.

LIÇÃO 6

A roupa e as compras

PRÁTICA

6-1
1. b
2. c
3. d
4. e
5. a

6-2 Answers will vary. Sample answers:
1. Ela usa um vestido e sapatos elegantes.
2. O José veste um terno e a Gabriela usa uma saia e uma blusa.
3. Uso camiseta e calças jeans.
4. Ele veste um casaco, cachecol e luvas.
5. Eles usam calções e elas usam biquínis e sandálias.

6-3
1. b
2. b
3. b
4. c
5. c

6-4
1. c
2. a
3. b
4. b
5. a
6. b

6-5
1. Nós chegamos ao hotel de manhã
2. Alice e Sônia compraram roupas de banho na loja do hotel / Elas compraram roupas de banho na loja do hotel
3. Diogo bebeu um suco tropical no bar Copacabana / Ele bebeu um suco tropical no bar Copacabana
4. Você e eu comemos feijoada no restaurante ao lado do hotel / Nós comemos feijoada no restaurante ao lado do hotel
5. Mary usou um biquíni brasileiro na praia / Ela usou um biquíni brasileiro na praia
6. Todos nós jogamos futebol na praia

6-6 Answers will vary.

6-7
1. Gostei do maiô da Ivete / Eu gostei do maiô da Ivete
2. Não gostamos do terno do Carlos / Nós não gostamos do terno do Carlos
3. Admiraram o vestido de festa da Irene / Elas admiraram o vestido de festa da Irene
4. Não apreciaram os brincos e as pulseiras da Nelly / Vocês não apreciaram os brincos e as pulseiras da Nelly
5. Detestaram os calções do Raimundo / Eles detestaram os calções do Raimondo

6-8 Answers may vary. Suggested answers:
1. O namorado da Ellen recebeu um cachecol verde e amarelo / O namorado recebeu um cachecol verde e amarelo
2. Ellen comprou um cachecol verde e amarelo para o namorado.
3. Mirella e Vanessa receberam um colar de ametista.
4. Ellen comprou um colar de ametista para Mirella e Vanessa.
5. A mãe da Ellen recebeu dois pares de brincos.
6. Ellen comprou dois pares de brincos para a mãe.
7. A irmã da Ellen recebeu dois vestidinhos cor-de-rosa.
8. Ellen comprou dois vestidinhos cor-de-rosa para a irmã.
9. O pai da Ellen recebeu uma gravata de seda.
10. Ellen comprou uma gravata de seda para o pai.

11. As priminhas da Ellen receberam uma camiseta da seleção brasileira de futebol.
12. Ellen comprou uma camiseta da seleção de futebol para as priminhas.

6-9 Answers will vary. Answers should contain the following verb forms:

1. cheguei
2. fiquei
3. dancei
4. joguei
5. toquei

6-10

1. ser
2. ir
3. ir
4. ser
5. ir
6. ser

6-11

1. foi
2. fomos
3. foi
4. foi
5. foi
6. foram

6-12

1. Eu a arrumei
2. Eu as varri
3. Eu a comprei
4. Eu os devolvi
5. Eu o servi

6-13

1. os
2. as
3. a
4. o
5. as
6. a

6-14

1. me
2. você
3. te
4. me
5. a
6. você
7. te
8. você
9. me
10. te

6-15

1. servi-la
2. vê-lo
3. trazê-lo
4. experimentá-lo
5. trazê-los
6. experimentá-los
7. levá-lo
8. vesti-lo
9. vê-la

6-16

1. a
2. c
3. c
4. c
5. c
6. a
7. a

6-17

1. por
2. para
3. para
4. para
5. por

6-18

1. para
2. porque
3. por
4. porque
5. para
6. por

6-19

1. biquíni
2. armadura
3. bermudas
4. roupão
5. salto alto

6-20

1. F
2. V
3. V
4. V
5. F

6-21

1. b
2. c
3. b
4. c
5. a / b

6-22

1. b / c
2. b
3. a

6-23 Answers will vary.

6-24

1. V
2. F
3. F
4. V
5. F
6. V
7. V
8. F
9. F
10. V

LABORATÓRIO

6-25

1. b, d
2. b, c
3. a, c, d
4. a, c

6-26

1. selected items:
   camisa
   gravata listrada
   terno azul
   meias
   sapatos pretos
2. Selected items:
   camiseta
   biquíni
   chapéu
   sandálias

3. Selected items:
   saia
   blusa
   casaco
   sapatos

6-27 Recorded answers:
1. Quero usar botas.
2. Prefiro usar um abrigo.
3. Vou usar uma capa de chuva.
4. Quero usar calças jeans.

6-28
1. Sim   2. Não
3. Sim   4. Não
5. Não

6-29
1. Sim   2. Sim
3. Não   4. Não
5. Não   6. Sim

6-30 Recorded answers:
1. Não, eles falaram com a vendedora ontem.
2. Não, ele trocou a camisa vermelha ontem.
3. Não, ela experimentou o vestido ontem.
4. Não, elas saíram ontem.
5. Não, elas almoçaram no restaurante ontem.

6-31 Recorded answers:
1. Ele bebeu um café às dez e meia.
2. Ele saiu do café dez minutos depois.
3. Ele passou em frente à joalheria.
4. Ele conversou com o vendedor da joalheria.
5. Ele caminhou pelo shopping.
6. Ele voltou para o café ao meio-dia.

6-32
1. Não   2. Sim
3. Sim   4. Sim
5. Não   6. Não

6-33
1. 1970   2. foi
3. amigo   4. foi
5. foram   6. foi
7. Foi   8. foram

6-34 Recorded answers:
1. Paulinho e Bia foram comprar pão.
2. Minha irmã foi procurar sobremesa.
3. Meu pai e Marcela foram comprar vinho.
4. Roberto foi visitar sua namorada.

6-35 Recorded answers:
1. Sim, mamãe, Leila o comprou.
2. Sim, mamãe, eu a lavei.
3. Sim, mamãe, Raquel os comprou.
4. Sim, mamãe, nós a limpamos.
5. Sim, mamãe, José o preparou.

6-36 Recorded answers:
1. Sim, eu os compro na livraria da universidade.
   ou Não, eu não os compro na livraria da
   universidade.
2. Sim, eu a compro no hipermercado. ou Não, eu
   não a compro no hipermercado.
3. Sim, eu o compro no supermercado. ou Não, eu
   não o compro no supermercado.
4. Sim, eu as compro em boutiques. ou Não, eu não
   as compro em boutiques.
5. Sim, eu os compro pela Internet. ou Não, eu não os
   compro pela Internet.

6-37 Recorded answers:
1. Tereza quer ouvi-la.
2. Irene quer vê-la.
3. Mário quer comprá-lo.
4. Irene quer vesti-la.
5. Tereza quer experimentá-los.
6. Mário quer trocá-la.

6-38
1. um disco
2. Maria Helena
3. aniversário
4. um jantar
5. os pais
6. aniversário de casamento
7. uma pulseira
8. sobrinha e afilhada de Norma
9. batizado

6-39
1. a   2. c
3. a   4. c
5. b

VÍDEO

6-40
1. amigos dizem que parece até mulher, vinte pares
   de tênis, roupas de esporte
2. consumista, chinelos, colares, almofadas
3. ver vitrines, passear no shopping, apaixonada por
   sapatos

6-41

1. roupa confortável, evita sapatos de salto alto
2. roupas simples, muitas roupas verdes, roupas que não chamam atenção
3. saia, vestido, tudo bem rosa, chinelo, roupas românticas

6-42

1. adoro	2. namorada
3. irmãs	4. esporte
5. vestir	6. ler
7. aniversário	8. procuro
9. durante	10. alguém
11. inusitado	12. livros / CDs
13. CDs / livros	14. únicas

6-43 Answers will vary.

LIÇÃO 7

PRÁTICA

7-1

1. futebol	2. ciclismo
3. golfe	4. basquete
5. tênis	6. automobilismo

7-2

1. pista	2. ciclista
3. assistir	4. taco
5. esqui	

7-3

1. na praia	2. tempo fresco
3. esquiar	4. chove
5. no inverno	

7-4

1. b	2. f
3. a	4. e
5. c	6. d

7-5

1. nos	2. lhes
3. lhe	4. lhe
5. lhes	6. me

7-6

1. lhe	2. lhes
3. te	4. lhe
5. lhes	

7-7

1. viu	2. puderam
3. puseram	4. soube
5. quis	

7-8 Answers will vary.

7-9

1. fizeram	2. teve
3. esteve	4. tiveram
5. pôs	6. disseram
7. estiveram	8. deu
9. veio	10. puseram

7-10

1. fui	2. estive
3. pude	4. fizemos
5. vimos	6. foram
7. fizeram	8. Fez
9. disseram	10. foi

7-11

1. dava tarefas todos os dias
2. tínhamos aula de ginástica todas as semanas
3. jogavam futebol durante o recreio, iam para casa às 4 horas
4. fazia natação depois da aula
5. jogavam futebol durante o recreio, iam para casa às 4 horas

7-12

1. não ia	2. telefonava
3. não estudavam	4. não tinha
5. não vinha	6. não fazia

7-13

1. ia	2. via
3. praticava	4. andava
5. tomava	6. estudava
7. tinha	8. era

7-14

1. Eram	2. abriram
3. choveu	4. estava
5. havia	6. vieram
7. esperavam	8. formaram
9. estava	10. fez
11. decidiu	12. gritava
13. recomeçou	14. estava
15. houve	16. ganhou

7-15

1. era	2. fui
3. cheguei	4. fazia
5. descansei	6. estava
7. decidimos	8. queríamos
9. vi	10. comemos

7-16 Answers will vary. Suggested answers:

1. Faz um ano que a família Rodrigues foi a Foz do Iguaçu. / A família Rodrigues foi a Foz do Iguaçu faz um ano.
2. Faz um mês que eu assisti a um espetáculo de balé no Teatro Castro Alves. / Eu assisti um espetáculo de balé no Teatro Castro Alves faz um mês.
3. Faz ____ anos que Irene e eu visitamos o Museu de Arte Moderna da Bahia. / Irene e eu visitamos o Museu de Arte Moderna da Bahia faz ____ anos.
4. Faz dois dias que Clóvis e Rosa Maria fizeram capoeira com os amigos baianos. / Clóvis e Rosa Maria fizeram capoeira com os amigos baianos faz dois dias.
5. Faz ____ meses que nós vimos um jogo de futebol no Maracanã. / Nós vimos um jogo de futebol no Maracanã faz ____ meses.

7-17 Answers will vary.

7-18 Answers will vary.

7-19

1. F	2. V
3. F	4. V
5. V	6. F

7-20

1. F	2. F
3. V	4. F
5. V	6. F
7. V	

7-21 Answers will vary.

7-22 Answers will vary.

7-23

1. Alentejo / Algarve
2. Algarve / Alentejo
3. cúpulas redondas
4. paredes caiadas de branco
5. Agrícola
6. turismo
7. azeite de oliveira / cortiça
8. cortiça / azeite de oliveira
9. Évora

7-24

1. V	2. V
3. V	4. F
5. F	6. F
7. V	8. F

7-25

1. esqui
2. tênis
3. futebol

7-26

1. Falso	2. Falso
3. Verdadeiro	4. Falso
5. Verdadeiro	6. Verdadeiro
7. Falso	8. Falso

7-27

1. vela, ciclismo, basquete, futebol
2. ciclismo, basquete, futebol, vôlei de praia
3. esqui
4. vela, ciclismo, basquete, futebol, vôlei de praia
5. basquete, futebol, vôlei de praia
6. vela

7-28

1. Rosa
2. livraria
3. ingressos para o Maracanã
4. Helena
5. loja de esportes
6. óculos de sol
7. boutique

7-29 Recorded answers:

1. Sim, eu lhe perguntei a data do jogo.
2. Sim, eu lhe pedi para assistir o jogo.
3. Sim, eu lhes servi o jantar.
4. Sim, eu lhe comprei um presente.
5. Sim, eu lhe ofereci flores.

7-30 Recorded answers:

1. Ela vai lhes comprar raquetes novas.
2. Ela vai lhe comprar tacos de golfe.
3. Ela vai lhe comprar chuteiras novas.
4. Ela vai me comprar uma camiseta do nosso time.
5. Ela vai lhes comprar luvas esportivas.
6. Ela vai te comprar uma bola de futebol.

7-31 Recorded answers:

1. Vieram para a universidade cedo.
2. Tiveram treino de manhã.
3. Trouxeram o equipamento para o campo.
4. Disseram ao treinador para comprar equipamento novo.
5. Fizeram planos para o próximo jogo.
6. Estiveram na universidade até tarde.

7-32 Recorded answers:

1. Mas hoje não foram.
2. Mas hoje não trouxe.
3. Mas hoje não vieram.
4. Mas hoje não fez.
5. Mas hoje não tiveram.
6. Mas hoje não disse.

7-33

1. Falso	2. Verdadeiro
3. Verdadeiro	4. Verdadeiro
5. Falso	6. Falso

7-34 Recorded answers:

1. Brincava muito com os amigos. / Não brincava muito com os amigos.
2. Assistia televisão de tarde. / Não assistia televisão de tarde.
3. Ganhava muitos presentes no aniversário. / Não ganhava muitos presentes no aniversário.
4. Lia histórias de piratas. / Não lia histórias de piratas.
5. Assistia jogos de futebol americano. / Não assistia jogos de futebol americano.
6. Fazia muitos esportes. / Não fazia muitos esportes.

7-35 Recorded answers:

1. Antes, ela também saía de casa às sete.
2. Antes, ela também ia diretamente para a universidade.
3. Antes, ela também chegava ao ginásio às oito.
4. Antes, ela também corria com os estudantes.
5. Antes, ela também almoçava ao meio-dia.
6. Antes, ela também treinava na piscina todas as tardes.
7. Antes, ela também terminava o trabalho às cinco.
8. Antes, ela também ia a muitas competições.

7-36 Recorded answers:

1. Eles moravam com uma família baiana.
2. Eles tinham aulas todos os dias na universidade.
3. Eles jogavam basquete todas as semanas.
4. Eles faziam natação na piscina da universidade.
5. Eles jogavam capoeira na praia nos fins de semana.
6. Eles ganhavam prêmios em competições.

7. Eles eram membros do time de futebol.
8. Elas faziam muitos amigos nas competições.

7-37

1. A família imigrou para o Brasil.
2. Olga Schlosser, a avó de Guga, vinha de uma família alemã.
3. Aos 12 anos, o pai de Guga jogava basquete.
4. Rafael, o irmão mais velho de Guga, nasceu (*was born*) em 1973.
5. Guga nasceu em Santa Catarina.
6. Guga costumava acompanhar os pais ao clube de tênis.
7. No início, Guga praticava tênis com sua família.
8. Os pais de Guga eram membros de um clube de tênis.
9. A família de Guga encorajou sua carreira desde o início.
10. Larri Passos foi um treinador maravilhoso para a carreira de Guga.
11. Guga ganhou o torneio Roland Garros em 1997, 2000 e 2001.
12. A mãe de Guga gostava e ainda gosta de assistir os campeonatos de seu filho.

7-38

1. Ação terminada	2. Ação habitual
3. Ação habitual	4. Descrição
5. Ação terminada	6. Ação terminada
7. Ação habitual	8. Descrição
9. Ação terminada	10. Ação terminada
11. Ação terminada	12. Descrição

7-39

1. foi para o Lago de Furnas e o tempo lá estava muito ruim
2. podia passar o fim de semana na praia tomando sol
3. acha que foi para a região errada porque não parou de chover
4. Anita quase não saiu do hotel
5. aproveitar um pouco da praia

7-40 Recorded answers:

1. Eliza chegou faz vinte minutos. / Eliza chegou há vinte minutos.
2. Armando e Carolina chegaram faz dois minutos. / Armando e Carolina chegaram há dois minutos.
3. Ivo chegou faz cinco minutos. / Ivo chegou há cinco minutos.
4. Os irmãos Castro chegaram faz quinze minutos. / Os irmãos Castro chegaram há quinze minutos.
5. Mauro chegou faz vinte e cinco minutos. / Mauro chegou há vinte e cinco minutos.

7-41

1. falso	2. falso
3. verdadeiro	4. falso
5. verdadeiro	6. falso
7. verdadeiro	8. verdadeiro

7-42

1. um tempo maravilhoso	2. queria
3. estádio	4. tinha
5. decidiu assistir o jogo	6. deu
7. saiu	8. chegar

VÍDEO

7-43

1. Caio	2. Chupeta
3. Juliana	4. Juliana
5. Chupeta	6. Caio
7. Dona Raimunda	8. Juliana
9. Caio	10. Chupeta
11. Caio	12. Dona Raimunda
13. Juliana	14. Chupeta
15. Juliana	

7-44

1. Guga / Ayrton Senna
2. Ayrton Senna / Guga
3. gosta muito de
4. ginástica olímpica
5. esportivamente
6. pessoa
7. exemplo
8. um grande homem

7-45

1. F	2. V	3. V	4. F
5. V	6. V	7. V	8. F
9. V	10. F	11. F	12. D
13. F	14. V	15. V	16. V
17. F	18. F	19. V	

LIÇÃO 8

FESTAS E TRADIÇÕES

8-1

1. f	2. e
3. c	4. b
5. a	6. d

8-2

1. Independência	2. Natal
3. Graças	4. Carnaval
5. Novo	6. Santo

8-3 Answers will vary.

8-4 Answers will vary.

8-5

1. mais	2. minha irmã
3. menos	4. meu amigo Paul
5. mais	6. meu avô
7. mais	8. a família do Paul
9. menos	10. meus pais
11. mais	12. minha prima Lila

8-6

1. mais de	2. mais de
3. menos de	4. mais de
5. menos de	

8-7

1. menos	2. mais
3. menos	4. menos
5. menos	6. mais

8-8 Answers will vary.

8-9

1. menor	2. maior
3. menor	4. pior
5. melhor	

8-10

1. tão	2. tantas
3. tão	4. tanto
5. tantos	

8-11

1. tão	2. tantos
3. tão	4. tanto
5. tantos	6. tão

8-12

1. tão	2. tanto
3. tão	4. tantos
5. tanta	

8-13 Answers will vary.

8-14

1. baratíssima	2. a melhor
3. geladíssimos	4. belíssimos
5. famosíssimo	6. as mais famosas
7. os mais caros	8. super caros

8-15

1. mais velho
2. mais alto
3. mais baixa
4. o mais pesado
5. menos pesada

8-16

1. conosco
2. sem mim
3. com você
4. para mim
5. com ele
6. de mim

8-17

1. com você
2. dela
3. para mim
4. com eles
5. comigo

8-18

1. se chama
2. se divertir
3. me preocupo
4. se preocupam
5. se sente
6. se levanta
7. me levanto
8. nos levantamos
9. se vestir
10. se concentra
11. nos divertimos
12. nos lembramos

8-19 Answers will vary.

8-20

1. Não Religioso
2. Religioso
3. Não Religioso
4. Religioso
5. Pessoal
6. Não Religioso
7. Não Religioso
8. Não Religioso
9. Religioso
10. Não Religioso
11. Religioso
12. Não Religioso

8-21

1. F
2. V
3. V
4. F

8-22

1. F
2. V
3. F
4. V
5. F
6. V
7. F
8. V

8-23

1. ovos de chocolate
2. desfile de escola de samba
3. fantasia

8-24 Answers will vary.

8-25

1. V
2. V
3. F
4. V
5. V
6. F
7. F
8. V

9. F
10. F
11. F
12. V
13. F
14. F
15. F

LABORATÓRIO

8-26

1. a
2. c
3. b
4. c

8-27

1. d
2. b
3. f
4. a
5. e
6. c

8-28

1. Brasil
2. São Paulo
3. Festival de Inverno
4. rodeio
5. vaqueiros
6. sertaneja
7. pessoas
8. caipiras
9. rurais

8-29

1. Verdadeiro
2. Falso
3. Verdadeiro
4. Verdadeiro
5. Verdadeiro
6. Falso

8-30

1. 22 / vinte e dois
2. 19 / dezenove
3. mais alto
4. mais
5. do que
6. menos
7. do que
8. menos

8-31 Recorded answers:

1. Rafael é mais alto do que Márcia.
2. Rafael é menos alegre do que Márcia.
3. Márcia é mais jovem do que Rafael.
4. Rafael é mais velho do que Márcia.
5. Márcia é mais inteligente do que Rafael.

8-32

1. Verdadeiro
2. Falso
3. Falso
4. Verdadeiro
5. Verdadeiro
6. Falso
7. Falso
8. Verdadeiro

8-33 Recorded answers:

1. Lúcia é tão alta quanto Ana.
2. Márcia é mais baixa do que Lúcia.
3. Artur é tão forte quanto Carlos.
4. Lúcia é tão loira quanto Ana.

8-34 Recorded answers:

1. Mirela tem tantos carros quanto a Dona Isis.
2. O Seu José tem tantas casas quanto Mirela.
3. A Dona Isis tem mais dinheiro do que o Seu José.
4. A Dona Isis tem mais casas do que Mirela.
5. Mirela tem tanto dinheiro quanto o Seu José.

8-35

1. Vítor, Ângelo
2. Vítor
3. Sérgio
4. Aurélio
5. Sérgio, Ângelo

8-36

1. coloridíssimas
2. lindíssimas
3. antiquíssima
4. animadíssimos
5. saborosíssimas
6. animadíssima
7. famosíssimos

8-37 Recorded answers:

1. Não, Ana é a mais estudiosa da turma.
2. Não, Patrícia e Sara são as mais simpáticas do grupo.
3. Não, Antônio é o melhor jogador do time.
4. Não, Carlos é o pior da turma.
5. Não, Pedro e Letícia são os mais jovens da turma.

8-38 Recorded answers:

1. Sim, ela é lindíssima.
2. Sim, ele é altíssimo.
3. Sim, ela é grandíssima.
4. Sim, elas são caríssimas.
5. Sim, eles são amicíssimos.

8-39

1. Lucas
2. Patrícia
3. Carlos e Eduardo

8-40 Recorded answers.

1. Alice se levanta às sete e meia.
2. Felipe e Pedro se levantam às oito.
3. Eu me levanto às nove.
4. Meu pai se levanta às seis.
5. Nos feriados, nós nos levantamos às dez e meia.

8-41 Recorded answers.

1. Nós nos olhamos no espelho também.
2. Nós nos vestimos em cinco minutos também.
3. Nós nos divertimos na discoteca à noite também.
4. Nós nos deitamos às onze e meia também.

8-42

1. se divertir
2. vai se deitar
3. estão se vestindo
4. se veste
5. se sentir

8-43

1. verdadeiro
2. falso
3. verdadeiro
4. verdadeiro
5. verdadeiro
6. falso
7. verdadeiro
8. falso
9. falso

8-44

1. c
2. d
3. e
4. f
5. a
6. b

8-45 Answers may vary. Suggested answers for 1–4:

1. Na passagem do ano, Rogério geralmente está com a família (mãe, irmã, irmão, sobrinhos).
2. Ele chora compulsivamente e não sabe por quê.
3. Manuela gosta de passar o réveillon com a família e com pessoas queridas, na Praia de Copacabana ou na Barra vendo os fogos.
4. A única simpatia da Manuela é pular sete ondinhas.
5. Answers will vary.
6. Answers will vary.
7. Answers will vary.

8-46

1. costumo
2. cinema
3. românticos
4. paixão
5. começar a
6. japonês
7. quero
8. simpatia
9. namorando

8-47 Answers will vary. Suggested answers for 1–6:

1. É 27 de setembro e se oferece doce às crianças.
2. Depois que a avó do Rogério morreu, essa tradição se extinguiu da família porque a mãe dele não é mais católica, é evangélica e não comemora São Cosme e São Damião.
3. Das festas religiosas só restou mesmo o Natal.
4. Ela assiste a missa no dia de Nossa Senhora Aparecida.
5. A família da Adriana é de base católica e as pessoas vão à igreja.
6. Adriana não vê sua família como sendo muito religiosa.
7. Answers will vary.

PRÁTICA

9-1

1. d
2. a
3. e
4. b
5. c
6. f

9-2

1. psicólogo
2. advogado
3. garçonete
4. atriz
5. professor

9-3

1. b
2. a
3. d
4. f
5. c
6. e

9-4 Answers will vary.

9-5

1. Procuram-se
2. se fala
3. se alugam
4. Vendem-se
5. Pode-se

9-6

1. Faz-se comida.
2. Fala-se com clientes.
3. Escrevem-se notícias e artigos.
4. Compram-se roupas.
5. Assistem-se filmes.
6. Nada-se e se toma sol.

9-7 Answers may vary. Sample answers:

1. Vende-se equipamento de tênis.
2. Vende-se escritório.
3. Consertam-se eletrodomésticos.
4. Vende-se computador.
5. Lavam-se tapetes e carpetes.

9-8 Answers will vary.

9-9

1. queria
2. pôde
3. conheceu
4. conheciam
5. soube
6. telefonou
7. sabia
8. tinha
9. trabalhavam

9-10 Answers will vary.

9-11

1. iam começar
2. ia comprar
3. iam pedir
4. ia falar
5. iam acabar

9-12

1. estava preparando
2. estavam falando
3. estava preparando
4. estava assistindo
5. estava fazendo

9-13

1. d
2. a
3. e
4. g
5. b
6. c
7. f
8. h

9-14

1. Qual
2. Quais
3. Que
4. Quais
5. Qual
6. Quais

9-15 Answers will vary. Sample answers:

1. Onde você trabalha atualmente?
2. Com quantas companhias você trabalhou nos últimos 10 anos?
3. De quem são as suas referências?
4. Que línguas você fala?
5. Qual é o salário que você pretende ganhar?
6. Em caso de acidente, para onde devo mandar um aviso?
7. Quais são suas principais preocupações em relação a este emprego?

9-16

1. a
2. b
3. c
4. b
5. a

9-17

1. deem
2. saiam
3. deitem
4. brinquem
5. escrevam

9-18

1. Durma
2. Coma
3. Siga
4. coma
5. Brinque
6. trabalhe

9-19

1. Feche, sim.
2. Fique, sim.
3. Traga, sim.
4. Sirva, sim.
5. Leia, sim.

9-20

1. Abra
2. Compre
3. Leve
4. Pegue
5. Feche

9-21 Answers will vary.

9-22

1. secretária executiva bilíngue / secretaria executiva bilingue português-inglês / secretária executiva português-inglês
2. Experiência mínima de 4 anos / Experiência mínima de quatro anos / 4 anos / Quatro anos
3. Excelente relacionamento pessoal e boa apresentação / Ter excelente relacionamento pessoal e boa apresentação
4. *Curriculum Vitae*, foto recente e pretensão salarial / CV, foto recente e pretensão salarial
5. Escritório de Recrutamento Mineiro, Belo Horizonte, Sala 932

9-23

1. Falso	2. Verdadeiro
3. Falso	4. Falso
5. Verdadeiro	6. Falso

9-24

1. vendedora
2. trinta e cinco anos / 35 anos
3. solteira
4. programação
5. conhecimento de línguas
6. *curriculum vitae* / CV
7. Recrutamento IBM

9-25 Answers will vary.

9-26 Answers will vary.

9-27 Answers will vary.

9-28

1. F	2. F
3. V	4. F
5. V	6. V
7. F	8. V

9-29

1. Ponta Delgada
2. São Miguel
3. subtropical
4. montanhas
5. Oceano Atlântico
6. pecuária
7. baleia
8. Rhode Island / Massachusetts
9. Massachusetts / Rhode Island
10. leite / queijo
11. queijo / leite

9-30

1. arquiteto	2. intérprete
3. psicóloga	4. médica
5. advogada	6. mecânico

9-31

1. caixa	2. cozinheiro/a
3. piloto	4. veterinário/a
5. ator/atriz	6. enfermeiro/a

9-32 Answers will vary. Suggested answers:

1. cientista	2. jornalista
3. homem de negócios	4. policial

9-33

1. Falso	2. Verdadeiro
3. Verdadeiro	4. Verdadeiro
5. Falso	

9-34

1. Café	2. biblioteca
3. quadra	4. cozinha
5. loja	6. banco

9-35 Recorded answers:

1. Vende-se uma mesa.
2. Vendem-se quadros.
3. Vende-se um gravador.
4. Vende-se uma cadeira.
5. Vendem-se televisões.
6. Vendem-se sapatos.
7. Vende-se um aspirador.

9-36

1. conheceu	2. sabe
3. queria	4. pôde
5. foi	6. conhecia
7. disse	

9-37

1. b	2. c
3. d	4. e
5. a	

9-38 Recorded answers:

1. O chefe estava falando com um cliente importante.
2. A secretária estava escrevendo uma carta.
3. Você estava trabalhando no computador.
4. Meus colegas e eu estávamos bebendo café.
5. Artur e Felipe estavam mostrando produtos novos para um cliente.

9-39

1. De onde
2. Para que
3. Para onde
4. Com quem
5. De onde
6. Em que

9-40 Recorded answers:

1. O que você queria?
2. Que clientes?
3. Quais contratos?
4. Para quem você mandou o fax?
5. Que secretária?
6. Para onde ela foi?
7. Para quem ela pagou o cheque?
8. Para quando é a reunião?

9-41 Answers may vary. Sample answers:

1. Qual é a companhia aérea preferida do turista brasileiro?
2. Quais são as melhores qualidades da Aerônia?
3. Quem aprecia o conforto dos aviões da Aerônia?
4. Quem é a melhor publicidade da Aerônia?
5. Qual é nosso destino mais procurado?
6. Para quem é o grande prêmio?

9-42

1. Sim
2. Não
3. Sim
4. Sim
5. Não
6. Sim

9-43

1. Verdadeiro
2. Verdadeiro
3. Falso
4. Falso
5. Verdadeiro

9-44 Recorded answers:

1. Lave os pratos com água quente.
2. Seque os pratos com as toalhas pequenas.
3. Ponha a mesa corretamente.
4. Sirva a água com gelo.
5. Arrume a sala depois do almoço.

9-45 Recorded answers:

1. Não, não chamem.
2. Não, não escrevam.
3. Não, não ponham.
4. Não, não enviem.
5. Não, não ajudem.

9-46 Recorded answers:

1. Sirva, sim, por favor.
2. Traga, sim, por favor.
3. Mude, sim, por favor.
4. Não, obrigado, não sirva.
5. Não, obrigado, não traga.
6. Não, obrigado, não sirva.

9-47

1. advogada, cozinhar pratos vegetarianos
2. arquiteto, esportes
3. médica (no futuro), ler livros científicos

9-48

1. Rogério
2. Anita
3. Anita
4. Rogério
5. Rogério
6. Anita

VÍDEO

9-49

1. Dona Raimunda
2. Dona Sônia
3. Carlos
4. Carlos
5. Dona Raimunda
6. Sandra
7. Dona Sônia
8. Sandra

9-50

1. tenho
2. professora
3. curso
4. graduação
5. letras
6. posso
7. adolescentes
8. descobri
9. realizei

9-51

1. F
2. F
3. F
4. F
5. V
6. F
7. V
8. V

9-52

1. complicado, injusto, não oferece muitas oportunidades para uma grande parcela da população
2. engraçado, falta gente em algumas áreas e sobra em outras, exigência de nível universitário
3. não oferece muitas oportunidades para uma grande parcela da população, pessoas mal preparadas, exige no mínimo segundo grau

PRÁTICA

10-1

1. e	2. a
3. d	4. b
5. f	6. c

10-2

1. laranja, maçã, bananas, morangos
2. cebolas, cenoura, tomates, batatas
3. pão, cebolas, tomates, carne moída
4. leite, ovos, farinha de trigo, açúcar
5. leite, ovos, morangos, creme de leite, açúcar

10-3

1. b	2. a
3. f	4. c
5. e	6. d

10-4 Answers will vary.

10-5 Answers will vary.

10-6

1. vá ao supermercado
2. façam a tarefa
3. tenha poucas calorias
4. compre a sobremesa
5. limpemos a cozinha
6. almocem bem todos os dias

10-7

1. dê	2. brinque
3. ande	4. ponha
5. dê	6. compre

10-8

1. tenham	2. dê
3. cozinha	4. põem
5. chegue	6. comam
7. peça	8. ajude
9. sinta	

10-9

1. durma	2. coma
3. venha	4. traga
5. jogue	

10-10

1. se sintam	2. escolham
3. cheguem	4. serão
5. saiam	

10-11 Answers will vary.

10-12

1. comam	2. queiram
3. saibam	4. se fantasiem
5. adorem	

10-13

1. Acredito que	2. Acho que
3. Talvez	4. É possível que
5. É possível que	6. Duvido que

10-14

1. é	2. tenha
3. possam	4. tenha
5. aprendam	6. visitam
7. gostam	8. comprem
9. comam	10. provem
11. voltem	

10-15

1. Arrume	2. passe
3. Sirva	4. saia
5. Bebam	6. assistam
7. Comam	8. fiquem

10-16 Answers will vary.

10-17 Answers will vary.

10-18

1. F	2. V
3. F	4. F
5. V	6. F
7. V	8. V
9. F	10. F

10-19

1. f	2. c
3. e	4. b
5. d	6. a

10-20

1. cozinha	2. imigrante
3. mistura	4. colonização
5. adaptação	6. alimento
7. variedade	8. influência
9. celebração	10. contribuição
11. exportação	

10-21 Answers will vary.

10-22 Answers will vary.

10-23 Answers will vary.

10-24

1. F	2. V
3. V	4. F
5. V	6. F
7. V	8. V
9. F	10. V

10-25

1. c	2. d
3. a	4. e
5. b	

LABORATÓRIO

10-26

tomates, alface, limões, ovos, azeite, carne, peru, arroz, cenouras, açúcar

10-27

1. Sim	2. Não
3. Não	4. Sim
5. Sim	

10-28

1. Sim	2. Sim
3. Não	4. Não
5. Não	

10-29

1. 1	2. 4
3. 8	4. 5
5. 7	6. 6
7. 2	8. 9
9. 3	

10-30

1. Sim	2. Sim
3. Não	4. Sim
5. Não	6. Não

10-31 Recorded answers:

1. Ele quer que Pedro traga dez maçãs.
2. Ele quer que você traga leite.
3. Ele quer que eles tragam açúcar.
4. Ele quer que eu traga manteiga.
5. Ele quer que nós tragamos utensílios para fazer a torta.
6. Ele quer que vocês tragam pratos e talheres para comer a torta.

10-32 Recorded answers:

1. Espero que Augusto pegue as cadeiras.
2. Espero que você faça os convites.
3. Espero que Aninha receba os convidados.
4. Espero que Pedro e Alex convidem os amigos deles.
5. Espero que você venha esta noite.
6. Espero que nós cheguemos cedo.

10-33 Recorded answers:

1. Não é bom que você coma ovos com presunto.
2. É melhor que você não coma um bife grande.
3. Não é conveniente que você coma batata frita.
4. Recomendo que você não coma pão com manteiga.
5. Não é recomendável que você beba cerveja.
6. Aconselho que você não coma bolo de chocolate como sobremesa.

10-34

1. a	2. c
3. a	4. c

10-35

1. Não	2. Sim
3. Sim	4. Sim
5. Não	

10-36 Recorded answers:

1. Duvido que você viaje para Paris amanhã.
2. Duvido que você sempre compre roupa naquela boutique.
3. Duvido que você fale japonês fluentemente.
4. Duvido que você saiba cozinhar muito bem.
5. Duvido que você coma nos melhores restaurantes de Nova Iorque.

10-37 Recorded answers:

1. Bebe muita água!
2. Não come tanta pizza!
3. Caminha todos os dias depois do jantar!
4. Dorme bastante!
5. Faz exercício três vezes por semana!

10-38

1. Não	2. Sim
3. Não	4. Sim
5. Não	

10-39

1. c	2. d
3. b	4. a

VÍDEO

10-40
1. Mariana
2. Mônica
3. Rogério
4. Rogério
5. Carlos
6. Rogério
7. Rogério
8. Mariana
9. Carlos
10. Mônica

10-41 A Comida
1. cebola
2. banana
3. berinjela
4. quiabo
5. empada
6. abóbora

10-42
1. a
2. c
3. c
4. a
5. b

10-43
1. Caio
2. Rogério
3. Caio
4. Mariana

LIÇÃO 11

PRÁTICA

11-1
1. tronco
2. cabeça
3. tronco
4. membro
5. membro
6. membro
7. membro
8. tronco
9. membro
10. tronco
11. tronco
12. cabeça
13. membro
14. cabeça
15. cabeça
16. cabeça
17. membros
18. cabeça
19. tronco
20. cabeça

11-2
1. estômago
2. ouvido
3. veias
4. pulmões
5. pescoço
6. pulso
7. cotovelo
8. joelho
9. olhos

11-3
1. garganta inflamada, dificuldade para comer, febre
2. tosse, espirro, febre
3. dor de estômago, infecção
4. abatido/a, problema no sangue

11-4 Answers will vary.

11-5 Answers will vary.

11-6
1. vá
2. saia
3. é
4. estar
5. termine
6. tenham
7. pensem
8. se divirta

11-7
1. gosta
2. caminhemos
3. receia
4. gastemos
5. está
6. fiquemos
7. fica
8. comamos
9. detesta
10. joguemos

11-8 Answers will vary. Sample answers:
1. Júlia espera que você faça ginástica todos os dias.
2. Meus pais receiam que eu esteja doente.
3. Você se alegra que o tio José saia do hospital.
4. Eu me preocupo que minha avó quebre a perna.
5. Minha irmã fica feliz que eu coma bem.

11-9
1. F
2. V
3. V
4. F
5. V
6. F
7. F

11-10
1. V
2. F
3. V
4. V
5. V

11-11
1. c
2. d
3. e
4. b
5. a

11-12
1. por
2. para
3. para
4. para
5. para
6. pelos
7. para
8. para
9. pelo
10. para

11-13
1. pelas
2. por
3. por
4. para
5. por
6. para
7. por
8. para
9. para
10. pelo
11. pela
12. para
13. por
14. para

11-14

1. que
2. que
3. quem
4. que
5. quem

11-15

1. que
2. quem
3. que
4. quem
5. quem
6. que
7. quem

11-16

1. V
2. F
3. V
4. F
5. V
6. F

11-17

1. coração bate mais rápido.
2. o peixe.
3. manter o coração saudável.
4. não dar muita importância aos problemas.

11-18 Answers will vary.

11-19

1. V
2. F
3. F
4. V

11-20 Answers will vary.

11-21

1. V
2. F
3. F
4. V
5. F
6. V
7. V
8. F
9. F
10. V
11. F
12. F

LABORATÓRIO

11-22

1. a
2. a
3. c

11-23

1. Sim
2. Não
3. Não
4. Sim
5. Sim

11-24

1. Bom
2. Bom
3. Ruim
4. Ruim
5. Bom
6. Ruim
7. Ruim
8. Bom

11-25

1. farmacêutico
2. vitaminas mais fortes
3. Forvital 500
4. Forvital 500

11-26

1. e
2. f
3. g
4. a
5. d
6. c
7. b

11-27

1. Antônio esteja melhor, possa jogar nos jogos mais importantes
2. Antônio tenha dor de joelho, não possa jogar este sábado

11-28

1. Sim
2. Sim
3. Sim
4. Não
5. Sim

11-29

1. Sim
2. Não
3. Sim
4. Não
5. Não

11-30

1. pelo
2. Para
3. para
4. para
5. pelas
6. para
7. para

11-31 Recorded answers:

1. É para Paulinho.
2. São para Carla.
3. É para Renato.
4. É para Gilberto.
5. É para Miriam.
6. É para você.

11-32

1. Para Alfredo, os tratamentos médicos são importantes.
2. Para nós, a cirurgia plástica é muito cara.
3. Para muitos brasileiros, o médico é parte do círculo de amigos.
4. Para as crianças, o hospital não é o melhor do mundo.
5. Para mim, não tomar os remédios é absurdo.
6. Para você, a festa de fim de ano no hospital não vai ser muito divertida.

11-33

1. O enfermeiro que trabalha neste andar é muito competente.
2. O médico que me visita todas as tardes é excelente.
3. O psiquiatra ajuda as crianças é muito calmo.
4. A recepcionista trabalha aqui pela manhã é portuguesa.
5. O médico que vem aqui de tarde mora perto da minha casa.

11-34

1. Sim
2. Não
3. Sim
4. Não
5. Sim

11-35

1. a
2. c
3. a
4. c
5. b

11-36

1. Marina
2. Bárbara
3. Marina
4. Marina
5. Bárbara
6. Bárbara
7. Marina

VÍDEO

11-37

1. regularmente
2. exames
3. tenha
4. agravar
5. alimentação
6. aeróbico
7. profissão
8. possa
9. sintoma
10. apareça
11. riqueza
12. cardiologista
13. pressão
14. colesterol
15. prejudicial
16. fumante

11-38

1. F
2. F
3. F
4. F
5. V
6. F
7. F
8. V
9. V
10. F
11. V
12. V
13. F
14. V

11-39

1. toma chá da vovó, toma chá de hortelã e de boldo.
2. faz acupuntura há 11 anos, usa homeopatia, usou pastilhas de ervas da África

LIÇÃO 12

PRÁTICA

12-1

1. e
2. c
3. a
4. b
5. d

12-2

1. passaporte / o passaporte
2. cartão de embarque / o cartão de embarque
3. cheques de viagem / os cheques de viagem
4. alfândega / a alfândega
5. passagem de ida e volta / a passagem de ida e volta

12-3

1. bagageiro
2. volante
3. cinto de segurança
4. motor
5. para-brisas
6. gasolina
7. pneus

12-4

1. Lavei o carro
2. Passei o aspirador nos bancos
3. Limpei o bagageiro
4. Troquei o óleo
5. Pus ar nos pneus
6. Enchi o tanque de gasolina

12-5

1. um quarto simples
2. a recepção
3. a chave
4. o cofre
5. fazer uma reserva / reservar

12-6

1. telefone
2. carta
3. envelope
4. correio
5. selo
6. caixa de correio

12-7

1. V
2. F
3. V
4. F

12-8

1. nunca
2. ninguém
3. nenhum
4. nenhuma
5. nada

12-9

1. nunca
2. Nenhuma
3. mal
4. Poucas
5. Nenhum

12-10

1. estude
2. estuda
3. sejam
4. é
5. more
6. mora
7. viaje
8. viaja
9. conheça
10. conhece

12-11

1. V
2. V
3. V
4. F
5. V

12-12

1. sirvam
2. dê
3. publicam
4. moram
5. sejam
6. ensinem

12-13

1. fazem
2. são
3. tenham
4. ofereçamos
5. saiamos
6. façamos
7. passemos

12-14

1. tenha
2. seja
3. cause
4. possam
5. sirvam
6. ofereça

12-15

1. tenha
2. haja
3. seja
4. faça
5. prefira

12-16

1. possa
2. peça
3. perca
4. leve
5. traga

12-17

1. faça
2. dê
3. esteja
4. se atrase
5. haja

12-18 Answers will vary.

12-19

1. sentasse
2. desse
3. ficasse
4. reservasse
5. inscrevesse
6. fizesse
7. pagasse
8. cancelasse

12-20

1. voltasse aos Estados Unidos
2. fosse um filho
3. fizesse aulas português particulares
4. assistisse televisão até tarde.
5. viessem me visitar nos Estados Unidos
6. fosse brasileiro

12-21

1. cancelassem
2. convidasse
3. fizesse
4. passasse

12-22

1. 7
2. 4
3. 6
4. 3
5. 2
6. 5
7. 1
8. 8

12-23

1. faça
2. coloquem
3. respeitar
4. ultrapasse
5. dirijam
6. use

12-24 Answers will vary.

12-25

1. salas para reuniões, salas equipadas com computador e projetor, internet, ônibus executivo
2. TV a cabo, jardins, sala de exercício, sauna
3. sala de jogos, piscina, mesas de pingue-pongue

12-26 Answers will vary.

12-27

1. Oceano Índico
2. 20 milhões
3. Maputo
4. português
5. Maputo
6. imperador
7. Açores
8. 1975
9. guerra civil
10. ecossistemas
11. gastronomia
12. escritora
13. pintor

LABORATÓRIO

12-28

1. 7
2. 4
3. 2
4. 5
5. 3
6. 1
7. 6
8. 8

12-29

1. Manaus
2. 10
3. Lisboa
4. 18A
5. Nova Iorque
6. 22
7. Buenos Aires
8. 30C
9. Belo Horizonte
10. 12

12-30 Answers may vary.

1. Yucatán
2. Antropologia
3. Salvador / Salvador da Bahia
4. História
5. Nova Iorque
6. Chinês
7. Serra da Estrela
8. História da Arte
9. Pantanal / Pantanal do Mato Grosso
10. Biologia

12-31

1. balcão
2. corredor
3. janela
4. mala
5. 22 vinte e dois

12-32

1. não
2. sim
3. não
4. sim
5. sim
6. não

12-33

1. reserva
2. duplo
3. número
4. esteve
5. João Cunha
6. formulário
7. bagagem

12-34

1. não
2. sim
3. não
4. sim
5. não

12-35

1. o motor
2. o radiador
3. o volante
4. o para-choques / o para-choque
5. o cinto de segurança
6. o para-brisas
7. o bagageiro
8. a roda
9. a janela

12-36

1. b
2. b
3. a
4. b
5. c

12-37

1. ônibus, sempre
2. avião, nunca
3. carro, sempre
4. trem, às vezes
5. metrô, sempre

12-38

1. b
2. a
3. a
4. c
5. a
6. b

12-39 Recorded answers:

1. Não, não vou visitar ninguém.
2. Não, não vou a nenhum concerto esta noite.
3. Não, não vou nem estudar nem escutar música.
4. Não, não vou escrever nenhuma carta.
5. Não, não vou jantar com ninguém. ou Não, não vou jantar com nenhum amigo.
6. Não, não vou ler nenhum livro.
7. Não vou fazer nada.

12-40 Recorded answers:

1. Não, ele não chega nunca cedo na agência.
2. Não, ele não faz nada na agência.
3. Não, ele não ajuda nenhum passageiro.
4. Não, Jorge não conhece ninguém. ou Jorge não conhece nenhum fiscal da alfândega.
5. Não, ele não tem nenhum carro esporte.
6. Não, Jorge não deixa nunca o carro na frente da agência.

12-41

1. uma
2. Brasil
3. vá
4. veja
5. visite
6. especial

12-42 Recorded answers:

1. Alice é uma pessoa que prefere viajar a estar em casa.
2. Alice é uma pessoa que vai de moto a muitos concertos.
3. Alice é uma pessoa que conhece muitos lugares históricos na América do Sul.
4. Alice é uma pessoa que nunca dirige nas estradas.
5. Alice é uma pessoa que usa bicicleta na cidade.
6. Alice é uma pessoa que nunca viaja sozinha.

12-43 Recorded answers:

1. Ele procura um carro que tenha quatro portas.
2. Ele procura um carro que gaste pouca gasolina.
3. Ele procura um carro que tenha ar condicionado.
4. Ele procura um carro que não seja muito caro.
5. Ele procura um carro que corra rápido.

12-44

1. saia
2. haja
3. apresente
4. encontre

12-45 Recorded answers:

1. Precisamos criar esta campanha para que os motoristas compreendam os perigos.
2. A campanha vai ter resultados positivos desde que seja bem organizada.
3. Os motoristas devem respeitar os limites de velocidade, mesmo que haja pouco trânsito.
4. O carro não deve estar na estrada sem que todos coloquem o cinto de segurança.
5. É importante fazer manutenção regular, mesmo que o carro não tenha problemas visíveis.
6. Não dirija nunca depois de beber, por mais que você se sinta seguro.

12-46

1. não
2. sim
3. sim
4. sim
5. não

12-47 Recorded answers:

1. Não, ele recomendou que nós comêssemos num restaurante fechado.
2. Não, ele recomendou que nós víssemos o Convento de São Francisco.
3. Não, ele recomendou que eu tomasse água de coco no Barra Shopping.
4. Não, ele recomendou que nós assistíssemos um show no Canecão.
5. Não, ele recomendou que eu sentasse num barzinho em Ipanema.
6. Não, ele recomendou que eu fizesse compras no Barra Shopping.

12-48 Recorded answers:

1. Minha amiga me pediu que trouxesse alguns CDs.
2. Ela me pediu que ajudasse com o carro dela.
3. Ela me pediu que fizesse uma reserva de hotel para ela.
4. Ela me pediu que ligasse para ela à noite.
5. Ela me pediu que fosse à casa dela no fim de semana.

12-49

1. c
2. a
3. b
4. a
5. b

12-50 Answers may vary.

1. Eles pensam ir no feriado da Páscoa.
2. Natal fica no Rio Grande do Norte.
3. Eles pedem que Artur recomende um bom hotel.
4. Ele gosta do hotel porque é perto das dunas.
5. Ela não gosta de hotéis muito grandes.
6. Os apartamentos são grandes, têm vista para o mar e um serviço muito bom.
7. Eles querem alugar um carro e um buggy.

12-51

1. Sim
2. Não
3. Não
4. Sim
5. Sim

VÍDEO

12-52

1. São Pedro da Aldeia, Bahia, Rio Grande do Sul
2. Nova Iorque, Bariloche, o Sul, Salvador, Espírito Santo, região dos lagos no Rio de Janeiro,
3. São Pedro da Aldeia, Búzios

12-53

1. maior
2. conhecer
3. quis
4. história
5. lado místico
6. atraiu
7. destino

12-54 Answers may vary.

1. Manuela gosta de excursões com programação estabelecida, toda certinha, quando vai a lugares desconhecidos, porque assim ela não perde tempo tentando achar um lugar legal. Você já tem aqueles programas que são certos, gostosos de fazer, típicos daquele lugar.
2. Não, Chupeta procura mais o lado da aventura quando ele viaja. Ele não gosta de ter muita coisa programada.
3. Manuela gosta de uma programação livre quando vai a lugares conhecidos, porque quando ela chega pode ver como estão as coisas, como está o clima e as pessoas, e resolver o programa dela quando está lá.
4. Andar de bicicleta, ir ao teatro, conhecer um museu.
5. Answers will vary.

12-55

1. Adriana
2. Chupeta
3. Juliana
4. Adriana
5. Caio
6. Juliana
7. Chupeta
8. Caio
9. Chupeta
10. Caio
11. Adriana
12. Juliana

LIÇÃO 13

O MEIO AMBIENTE

PRÁTICA

13-1

1. f
2. d
3. e
4. a
5. g
6. c
7. b

13-2

1. d
2. b
3. b
4. a
5. d
6. b
7. d
8. d

13-3

1. energia elétrica e solar / energia solar e elétrica
2. transportes coletivos
3. reciclar
4. lixo urbano
5. poluição
6. biodegradáveis

13-4 Answers will vary.

13-5

1. reciclarei
2. coletará
3. usaremos
4. tomaremos
5. compraremos
6. farei

13-6

1. estará
2. dependerá
3. estudará
4. fará
5. assistirá
6. sentirão
7. haverá
8. terá
9. fará
10. conseguirá
11. será

13-7

1. poluiremos
2. usarão
3. saberemos
4. viverá
5. salvarão

13-8

1. terminar
2. for
3. acabar
4. terminarmos
5. estiver
6. tivermos
7. puder

13-9

1. conseguirmos
2. assumirem
3. receber
4. estivermos
5. terminarem

13-10

1. continuarem
2. tomarem
3. acabar
4. diminuirmos
5. cuidarmos
6. reagirem

13-11

1. Telefonaria para a polícia.
2. Assistiria as palestras sobre ecologia.
3. Faria uma reserva numa pousada.
4. Avisaria o Departamento de Urbanismo da cidade.
5. Daria uma carona para ele.

13-12

1. poderiam
2. reciclariam
3. apagaríamos
4. doariam
5. usaríamos
6. poderiam
7. limitaríamos

13-13 Answers will vary.

13-14

1. tomaríamos
2. visitaríamos
3. fariam
4. jogaria, reciclaria
5. dariam

13-15

1. se telefonam
2. se beijam
3. se insultam
4. se visitam
5. se entendem
6. nos vemos

13-16 Answers will vary.

13-17

1. F
2. V
3. V
4. V
5. V
6. V

13-18 Answers will vary.

13-19

1. F	2. V
3. F	4. F
5. F	6. V
7. F	8. F
9. V	10. V
11. F	12. V

LABORATÓRIO

13-20

1. Não	2. Não
3. Não	4. Sim
5. Não	

13-21

1. Gisela	2. Gisela
3. Rafael	4. Rafael
5. Gisela	

13-22

1. b	2. c
3. c	4. b
5. a	

13-23 Answers may vary. Possible answers:

1. os problemas ecológicos do Brasil.
2. precisam reciclar, economizar água, não poluir os rios e os mares, não desmatar as florestas.
3. deve tomar medidas mais enérgicas de proteção à natureza.
4. os projetos estrangeiros na Amazônia.
5. um ecossistema muito frágil.
6. podem ajudar a manter um equilíbrio entre a natureza, o desenvolvimento e as necessidades dos seres humanos.

13-24 Selected answers: natureza, reciclar materiais, proteção, economizar água, áreas verdes, ecossistema, poluição dos mares, poluição das fábricas, equilíbrio, carros à gasolina, queimadas, frágil, Amazônia

13-25

1. Não	2. Não
3. Sim	4. Não
5. Sim	6. Não
7. Sim	

13-26 Recorded answers:

1. Reciclaremos as caixas de papelão.
2. Coletaremos as latas de alumínio de refrigerantes.
3. Colocaremos os vidros em lugares separados dos alumínios.
4. Os estudantes assistirão palestras sobre o meio ambiente.
5. Plantaremos árvores nos jardins da universidade.
6. Nossa universidade terá mais áreas verdes.

13-27

1. a) estudarão	7. a) voltará
b) tiverem	b) terminarem
2. a) fará	8. a) trabalhará
b) X	b) X
3. a) visitarão	9. a) veremos
b) verão	b) X
c) estiverem	10. a) passaremos
4. a) viajarão	b) falaremos
b) X	c) encontrarmos
5. a) ficarão	11. a) terei
b) for	b) ficarei
6. a) mandarão	c) X
b) X	12. a) terão
	b) voltarem

13-28 Recorded answers:

1. Augusto e Suzete vão viajar quando tiverem férias.
2. Eles vão comprar uma televisão nova quando pagarem as contas.
3. Eles precisarão de roupa nova quando perderem peso.
4. Suzete pedirá um aumento de salário quando falar com o chefe.
5. Ela vai ligar para o Augusto quando souber do aumento.
6. Eles vão ficar felizes quando fizerem uma viagem para a África.
7. Augusto descansará mais quando puder trabalhar menos horas.

13-29 Recorded answers:

1. Os estudantes vão trabalhar no centro de reciclagem se tiverem tempo.
2. Vamos fazer compras quando tivermos tempo.
3. Ricardo vai ver o filme sobre a Floresta Amazônica assim que tiver tempo.
4. Vou terminar o projeto enquanto tiver tempo.
5. Vocês vão aprender sobre a agricultura orgânica logo que tiverem tempo.

13-30

1. Paulo	2. Cecília
3. Paulo	4. Ambos
5. Ambos	6. Nenhum
7. Ambos	8. Nenhum

13-31 Recorded answers:

1. Plantaria árvores.
2. Faria trabalho voluntário.
3. Organizaria reuniões.
4. Discutiria os problemas ambientais da cidade dele.
5. Reciclaria mais vidros e plásticos.
6. Daria dinheiro para proteção de animais em extinção.

13-32

1. a	2. b
3. c	4. a

13-33

1. Não	2. Não
3. Não	4. Sim
5. Sim	6. Não
7. Sim	

13-34

1. se conheceram
2. se viam
3. se comunicavam
4. se telefonavam
5. se encontraram
6. se abraçaram / se beijaram
7. se beijaram / se abraçaram
8. se conheceram
9. se entenderam
10. se casaram

13-35

1. Sim	2. Não
3. Não	4. Sim
5. Sim	6. Sim
7. Sim	8. Não

13-36

1. no estado do Acre
2. para proteger a floresta amazônica, os povos e as terras
3. o uso da terra como os antepassados a usavam
4. abraçando as árvores
5. pacífico
6. um prêmio da Organização das Nações Unidas (ONU).
7. O BID suspendeu financiamentos para a construção da estrada na Amazônia

8. acabariam com as aspirações de seus seguidores.
9. teve repercussão internacional
10. o mundo ainda se inspira nele para lutar pela preservação da Amazônia

VÍDEO

13-37

1. V	2. F
3. F	4. V
5. V	6. V

13-38

1. incentivo	2. se preocupando
3. política de incentivo	4. respeitam
5. vizinhança	6. condomínio
7. muito importante	8. solucionar

13-39

1. Rogério	2. Manuela
3. Juliana	

LIÇÃO 14

A SOCIEDADE

14-1

1. número de anos
2. pessoa responsável pela família
3. número de pessoas
4. dados estatísticos
5. a casa
6. pessoa do sexo feminino

14-2

1. a alfândega	2. a cidade
3. elevador	4. a cirurgia
5. A poluição do ar	6. o presidente do país

14-3

1. Não	2. Sim
3. Sim	4. Sim
5. Não	

14-4

1. Verdadeiro	2. Falso
3. Falso	4. Verdadeiro
5. Verdadeiro	6. Verdadeiro

14-5 Answers will vary.

14-6

1. mudada	2. interessados
3. decididas	4. abertas
5. excluídas	6. participado

14-7

1. estavam interessados	2. estavam apagadas
3. estavam acesas	4. estavam vestidos
5. estavam vestidas	6. estavam preocupados
7. estava preocupada	8. estavam abertas
9. estavam fechadas	

14-8

1. Sim, ela está apagada
2. Sim, elas estão trocadas
3. Sim, ele está arrumado
4. Sim, elas estão postas
5. Sim, ela está feita

14-9

1. foi assistido	2. foi corrida
3. foram eleitas	4. foram ganhos
5. foi ajudada	6. foram mudados

14-10

1. foi inaugurada	2. foi publicado
3. foi fundada	4. foram gravados
5. foi eleita	6. foram compostas

14-11

1. tem participado	2. têm feito
3. têm pilotado	4. tem obtido
5. têm conseguido	6. temos feito

14-12

1. Os homens têm ajudado as mulheres na cozinha
2. Mais crianças desfavorecidas têm ido à escola
3. Os idosos têm participado das eleições
4. O desemprego tem aumentado
5. A criminalidade tem diminuído
6. Os jovens têm bebido mais bebidas alcoólicas
7. Eu tenho trabalhado como voluntário

14-13 Answers will vary.

14-14

1. tinha fechado	2. tinha assistido
3. tinha visto	4. tinham ido
5. tínhamos visto	6. inha dito

14-15

1. havia procurado	2. tinham lido
3. tinha falado	4. havia assistido
5. tínhamos consultado	6. havíamos recebido

14-16

1. tinham escrito	2. tinha pintado
3. tinham sido	4. tinha trabalhado
5. tinha vivido	

14-17 Answers will vary.

14-18

1. V	2. F
3. V	4. F
5. V	6. V
7. F	8. F

14-19 Answers will vary.

14-20

1. 1934
2. cinco
3. pediatra
4. fundadora
5. Pastoral da Criança
6. São Paulo
7. maiores
8. saúde infantil / nutrição
9. nutrição / saúde infantil
10. 145 000
11. reduziu
12. 31 000
13. Américas
14. Pan American Health Organization
15. Heroína da Saúde Pública das Américas
16. voluntário
17. ser humano
18. avó

14-21 Answers will vary.

HORIZONTES

14-22

1. F	2. V	3. F	4. F
5. V	6. F	7. F	8. FI
9. V	10. F	11. V	12. F
13. V	14. V	15. FI	16. V

LABORATÓRIO

14-23

1. Helena	2. Helena
3. Avó	4. Helena
5. Avó	6. Helena

14-24

1. Não
2. Sim
3. Não
4. Sim
5. Não

14-25

1. a
2. b
3. a
4. a
5. a
6. a
7. b
8. b

14-26

1. necessidade de orientação acadêmica para avançar profissionalmente
2. professores
3. exigem que seus funcionários se especializem ou atualizem
4. Escola Superior Aberta do Brasil
5. 34%
6. 47%
7. 45%

14-27

1. Description 3
2. Description 1
3. Description 4
4. Description 2

14-28 Recorded answers:

1. Então, a sala já está preparada?
2. Então, todos os ingressos estão vendidos?
3. Então, os convites já estão escritos?
4. Então, o diretor já está convidado?
5. Então, as cadeiras já estão arrumadas?

14-29

1. é dirigido por uma mulher
2. são protegidas pelas organizações feministas
3. é admirado por muitos brasileiros
4. são discutidos pelos políticos

14-30 Recorded answers:

1. As comunicações foram afetadas pelo furacão.
2. Muitos danos foram causados pelo vento.
3. As ruas foram inundadas pela chuva.
4. As comunicações foram interrompidas pelo vento.
5. Dois edifícios foram destruídos pelo furacão.

14-31

1. Não
2. Sim
3. Sim
4. Sim
5. Não
6. Sim

14-32 Recorded answers:

1. Ela não tem ido à universidade.
2. Ela não tem comido muito no café da manhã.
3. Ela tem assistido TV.
4. Ela tem comido fruta no almoço.
5. Ela não tem escrito e-mails aos amigos todos os dias.
6. Ela não tem lavado a louça.
7. Ela não tem arrumado a cozinha
8. Ela tem tido febre.

14-33 Recorded answers:

1. Temos escrito relatórios.
2. Temos levado os horários para os professores.
3. Temos feito a lista de estudantes.
4. Temos observado algumas aulas dos professores.
5. Temos atendido os pais na recepção da escola.
6. Temos aberto a biblioteca para os estudantes.
7. Temos posto o equipamento esportivo no ginásio.

14-34

1. Sim
2. Não
3. Sim
4. Sim
5. Não

14-35 Recorded answers. Answers may vary.

1. Quando comecei a estudar na universidade, eu já tinha morado num dormitório. / Quando comecei a estudar na universidade, eu ainda não tinha morado num dormitório.
2. Quando comecei a estudar na universidade, eu já tinha conhecido alguns professores. / Quando comecei a estudar na universidade, eu ainda não tinha conhecido nenhum professor.
3. Quando comecei a estudar na universidade, eu já tinha lido jornais pela Internet. / Quando comecei a estudar na universidade, eu ainda não tinha lido jornais pela Internet.
4. Quando comecei a estudar na universidade, eu já tinha morado longe dos meus pais. / Quando comecei a estudar na universidade, eu ainda não tinha morado longe dos meus pais.
5. Quando comecei a estudar na universidade, eu já tinha aberto uma conta no banco. / Quando comecei a estudar na universidade, eu ainda não tinha aberto uma conta no banco.
6. Quando comecei a estudar na universidade, eu já tinha viajado para outros países. / Quando comecei a estudar na universidade, eu ainda não tinha viajado para outros países.

14-36

1. Sim	2. Sim
3. Não	4. Não
5. Sim	6. Sim

14-37

1. feminina
2. doze ou quinze filhos / 12 ou 15 filhos
3. de 4,5 pessoas para 3
4. maior número
5. 2,9
6. mercado de trabalho masculino
7. mais alto
8. inferior
9. 62,6
10. 69,1
11. igualdade salarial

VÍDEO

14-38

1. a, d, e	2. c, d
3. b, e	

14-39

1. Caio	2. Carlos
3. Caio	4. Caio
5. Carlos	

LIÇÃO 15

A CIÊNCIA E A TECNOLOGIA

15-1

1. b	2. e
3. d	4. a
5. c	

15-2 Answers will vary.

15-3

1. portas eletrônicas	2. a Internet
3. satélites	4. robôs domésticos
5. ensino à distância	

15-4

1. F	2. F
3. V	4. F

15-5

1. É possível, É bom, É normal
2. É impossível
3. É recomendável, É bom, É possível, É normal
4. É possível, É normal, É recomendável, É bom
5. É possível, É impossível, É recomendável, É bom, É perigoso, É normal

15-6

1. salvar	2. usar
3. pagar	4. assistir

15-7

1. ao	2. depois de
3. antes de	4. para
5. sem	

15-8

1. irmos	2. poderem
3. serem	4. viajarmos
5. analisar	

15-9

1. não usarmos	2. não conectarmos
3. fazermos	4. enviarmos
5. respondermos	6. olharmos
7. lermos	

15-10

1. encontrarem	2. sermos
3. poderem	4. conseguirem
5. sairmos	

15-11

1. c	2. d
3. a	4. e
5. b	

15-12

1. eu teria mais tempo livre
2. não poderiam trabalhar
3. as viagens seriam mais longas
4. teríamos mais trabalho na cozinha
5. não haveria o Windows
6. a nossa comunicação seria mais difícil

15-13

1. não poderei fazer a tarefa
2. ficarei sem saber a resposta
3. descobrirão a cura do Mal de Parkinson
4. perderemos menos tempo viajando
5. doarei tudo para a pesquisa científica

15-14

1. diminutivo
2. aumentativo
3. diminutivo
4. diminutivo
5. aumentativo
6. diminutivo
7. aumentativo
8. aumentativo
9. aumentativo
10. diminutivo

15-15

1. cedinho
2. menininha
3. palavrinhas
4. livrinho
5. filminho
6. benzinho
7. comprinhas

15-16

1. carrões
2. narigão
3. casarão
4. dinheirão
5. filmão
6. homenzarrão

15-17

1. V
2. F
3. V
4. F
5. F

15-18 Answers will vary.

15-19 Answers will vary.

15-20

1. b
2. b
3. d
4. b
5. b
6. d
7. b
8. d
9. a
10. c
11. a
12. b

LABORATÓRIO

15-21

1. 4
2. 2
3. 7
4. 3
5. 6
6. 8
7. 1
8. 5

15-22

1. c
2. c
3. c
4. b

5. a

15-23 Recorded answers:

1. Ao chegar no banco 24 horas, Lídia digitou a senha dela.
2. Ao digitar a senha, Lídia errou três vezes.
3. Ao bloquear a conta de Lídia, ela não pôde sacar nenhum centavo.
4. Ao ficar sem dinheiro, ela não pôde fazer compras no supermercado.

15-24

1. presente
2. futuro
3. futuro
4. presente
5. futuro
6. presente
7. presente

15-25

1. a
2. c
3. c
4. b
5. c

15-26

1. c
2. a
3. c
4. b
5. c

15-27

1. ler e-mails
2. ter acesso à Internet
3. vamos gastar muito dinheiro
4. não seria tão rápida e constante
5. causaria danos
6. será controlado
7. a exportação deste lixo fosse controlada

15-28

1. diminutivo
2. aumentativo
3. aumentativo
4. diminutivo

15-29 Recorded answers:

1. Aluguei um carrão; não foi um carrinho.
2. Coleciono aqueles discões; não são disquinhos.
3. Tenho duas mesonas; não são mesinhas.
4. Estou com uma dorzona; não é uma dorzinha.

15-30

1. realidade virtual
2. sala da casa
3. jogadores de futebol americano
4. luva especial
5. assistir
6. pacientes virtuais

VÍDEO

15-31

1. quem usa é o filho, tem um "office-marido" que usa por ela, não tem computador em casa.
2. olha sites de compra, não tem muito tempo para usar o computador, sempre lê o jornal na Internet.
3. usa nos fins de semana, faz pesquisas para o colégio, usa para e-mail.

15-32 Answers may vary.

1. Rogério acha que não há acesso à Internet, por mais que as pessoas queiram dilatar o número de usuários. Existem projetos de levar para as comunidades chamadas carentes, que não são assistidas pelo poder público, levar computador, levar a Internet. E tem nessas comunidades um grande número de analfabetos funcionais, analfabetos tecnológicos e, de acordo com o Rogério, oferecer o instrumento sem conscientizar para que serve aquele instrumento é complicadíssimo.
2. Answers will vary.

15-33

1. medicina
2. tecnologia
3. qualidade
4. esperança
5. ética
6. postura
7. consciente

15-34 Answers may vary.

Os dois acham que os vídeo games não estimulam a violência. Juliana acha que Tom e Jerry, o desenho animado, era altamente violento porque o rato estava sempre batendo no gato loucamente. Chupeta acredita que o problema dos vídeo games está mais relacionado à falta de atividade física do que à violência. Ele acha que os jovens hoje têm menos coordenação motora abrangente do que quando ele era menino que brincava na rua. A coordenação motora necessária para jogar vídeo games é uma coordenação motora fina.

EXPANSÃO GRAMATICAL (BRAZILIAN)

EG-1

1. tenha conseguido
2. tenham promovido
3. tenha aumentado
4. tenhamos estudado
5. tenham terminado

EG-2

1. tenham comprado um carro elétrico.
2. não tenha conseguido a bolsa de pesquisa que tinha pedido.
3. tenha decidido se candidatar para a Faculdade de Medicina.
4. tenhamos sido escolhidos para representar nossa universidade no congresso de jovens líderes.
5. tenham sido eliminadas do campeonato de tênis.
6. tenha participado de um protesto contra os alimentos geneticamente modificados.

EG-3

1. Espero que você tenha visitado Ouro Preto.
2. Espero que você tenha visto as esculturas de Aleijadinho em Congonhas.
3. Espero que você tenha gostado de Belo Horizonte.
4. Espero que você tenha feito turismo ecológico.
5. Espero que você tenha comprado cerâmicas do Jequitinhonha.

EG-4

1. b
2. e
3. d
4. a
5. c

EG-5 Answers will vary.

EG-6 Answers may vary. Some possible answers:

1. Lamento que eles tivessem bebido muita cerveja.
2. Lamento que ela não tivesse estudado para o exame final.
3. Lamento que ele tivesse usado drogas.
4. Lamento que você tivesse comido carne estragada.
5. Lamento que eu não tivesse jogado na loteria.

EG-7

1. Se eles tivessem pesquisado na Internet, teriam sabido o que fazer.
2. Se eles tivessem perguntado a amigos brasileiros, teriam encontrado um hotel bom e barato.
3. Se eles tivessem feito uma excursão organizada, teriam visto mais lugares interessantes.
4. Se eles tivessem ido ao Jardim Botânico, teriam tido uma experiência inesquecível.
5. Se eles tivessem comprado ingressos, teriam assitido um show no Canecão.

EG-8

1. teria tido notas mais altas
2. teriam falado português fluentemente
3. teria tido um pouco da inteligência dele
4. não teria podido votar
5. teria sido um astronauta

EG-9

1. Terei comprado um carro novo antes do final do ano.
2. Terei terminado o curso universitário em maio.
3. Terei visitado São Paulo antes da Copa do Mundo no Brasil.
4. Terei comido feijoada depois que a Fernanda chegar.
5. Terei assistido um filme no cinema esta noite.

EG-10 Answers will vary.

EG-11

1. eu já não estudarei
2. eu construirei uma mansão
3. elas falarão bem o português
4. a esposa dele ficará feliz
5. nós não compraremos outro

EG-12 Answers will vary. Sample answers:

1. Logo que o avião tiver decolado, vamos almoçar.
2. Assim que tivermos chegado ao hotel, vamos desfazer as malas.
3. Quando a mamãe e o papai tiverem descansado, vamos sair para conhecer a cidade.
4. Se eu tiver conseguido ingressos, vamos ver o show no sábado.
5. Depois que nós tivermos explorado a cidade, vamos fazer uma excursão.

EG-13

1. Ela espera que Anita tenha corrido meia hora.
2. Ela espera que Felipe e Roberto tenham feito os exercícios.
3. Ela espera que a Dona Laura tenha nadado vinte minutos.
4. Ela espera que Edneuza tenha levantado e abaixado os braços trinta vezes.
5. Ela espera que os alunos tenham seguido suas instruções.

EG-14

1. Tomara que tenham procurado uma mesa grande.
2. Tomara que tenham trazido um bom número de copos.
3. Tomara que tenham arranjado cadeiras confortáveis.
4. Tomara que tenham organizado a agenda.
5. Tomara que tenham arrumado a sala.

EG-15

1. Sim	2. Não
3. Sim	4. Sim
5. Não	6. Sim

EG-16 Recorded Answers:

1. Se Geraldo tivesse ido ao cinema, ele teria encontrado Luísa.
2. Se Geraldo tivesse encontrado Luísa, teria falado com ela.
3. Se ele tivesse falado com Luísa, ela o teria convidado para um concerto.
4. Se ele tivesse ido ao concerto, ele teria ouvido seu cantor preferido.
5. Se Geraldo tivesse assistido o concerto na televisão, ele teria visto os amigos dele no concerto.

EG-17 Answers will vary.

EG-18

1. Sim	2. Não
3. Não	4. Sim
5. Não	

EG-19

1. Assim que ela tiver acabado a conversa, vai sair de casa.
2. Quando ela sair de casa, vai começar a caminhar rapidamente.
3. Depois que ela caminhar durante dois minutos, vai entrar em uma loja.
4. Quando ela entrar na loja, a câmara vai continuar filmando a rua deserta.
5. Depois que ela ficar cinco minutos na loja, nós vamos ouvir um grito terrível.
6. Se eu conseguir financiamento para o filme, vou convidar você para o papel principal.

PONTO DE ENCONTRO SAM, BRAZILIAN, 2E

ANSWER KEY

PRACTICE FOR SPANISH SPEAKERS

PS-1

a. um	b. um
c. um	d. um
e. Duas	f. quatro
g. dez	h. trinta e duas

PS-2

1. open e	2. closed e
3. closed e	4. closed e
5. open e	6. closed e
7. open e	8. open e
9. closed e	10. closed e

PS-3

1. closed o	2. open o
3. closed o	4. open o
5. open o	6. open o
7. closed o	8. open o
9. closed o	

PS-4

1. gosta das
2. gostam da
3. gostam da
4. gosto do
5. gostamos das / gostamos de
6. gosta da
7. gosta das
8. gosto do
9. gosta de
10. gostam do
11. gostam das

PS-5

1. Uma	2. uma
3. os	4. umas
5. O	6. as
7. um	8. os
9. O	

PS-6

1. b	2. a
3. a	4. a
5. b	6. a

PS-7

1. são	2. é
3. É	4. é
5. é	6. É
7. está	8. está
9. estão	10. é
11. É	12. estão
13. estão	

PS-8

1. vazia	2. bacilo
3. vago	4. bate
5. bebido	6. bela
7. vem	8. vento
9. boa	10. vovó

PS-9

1. vão	2. vai
3. ir embora / ir-me embora	4. vamos
5. vamos	6. vou
7. vai	8. vou
9. vamos	10. Vamos
11. Vamos	12. Vamos
13. Vamos	

PS-10

1. rato	2. janela
3. Joana	4. berro
5. ferrão	6. rogo
7. cará	

PS-11

1. almoça	2. prefiro
3. podem	4. preferem
5. podemos / preferimos	6. começa
7. podem	8. dormem
9. prefere	10. dormimos
11. dorme	12. dorme
13. começa	14. começo
15. pode	16. quer
17. quer	

PS-12

1. casa	2. doze
3. rosa	4. assa
5. Zeca	6. acetona
7. reassumir	8. razão
9. louça	10. pressa

PS-13

1. vou lavar esse / vou lavar aquele
2. vamos dar esses / vamos dar aqueles
3. vamos passar esse / vamos passar aquele
4. vou usar essa / vou usar aquela
5. vamos secar essa / vamos secar aquela
6. vamos arrumar essa / vamos arrumar aquela
7. vou limpar esse / vou limpar aquele
8. vou jogar fora essa / vou jogar fora aquela

PS-14

1. a	2. a	3. b
4. b	5. a	6. a
7. a	8. b	9. b
10. a		

PS-15

1. Eu o quero, sim / Eu quero, sim / Não quero, você pode levá-lo
2. Eu o quero, sim / Eu quero, sim / Não quero, você pode levá-lo
3. Eu os quero, sim / Eu quero, sim / Não quero, você pode levá-los
4. Eu o quero, sim / Eu quero, sim / Não quero, você pode levá-lo
5. Eu as quero, sim / Eu quero, sim / Não quero, você pode levá-las
6. Eu a quero, sim / Eu quero, sim / Não quero, você pode levá-la
7. Eu as quero, sim / Eu quero, sim / Não quero, você pode levá-las
8. Eu os quero, sim / Eu quero, sim / Não quero, você pode levá-los
9. Eu o quero, sim / Eu quero, sim / Não quero, você pode levá-lo

PS-16 Answers may vary. Recorded answers should be:

1. almofada
2. fazer
3. falar
4. farinha
5. ferro
6. figo
7. filho
8. fio
9. folha
10. fome
11. forno

PS-17 Answers may vary. Suggested answers:

1. Vamos lhe pedir para não jogar no próximo domingo.
2. Vamos lhe perguntar os resultados do último jogo.
3. Vamos nos oferecer para participar do próximo treinamento.
4. Vamos lhe mostrar as fotos do jogo do mês passado.
5. Vamos lhe dar um presente.
6. Vamos lhe explicar que não podemos treinar no verão.

PS-18

1. a
2. a
3. b
4. b
5. a
6. b
7. b
8. a
9. a
10. b
11. b

PS-19 Answers will vary.

PS-20 Answer will vary.

PS-21

1. Ganha-se bem.
2. Tem-se bom seguro saúde.
3. Oferecem-se excelentes bônus.
4. Proporcionam-se muitas opções de lazer aos funcionários.
5. Pagam-se creches para os filhos dos funcionários.
6. Dão-se presentes aos funcionários.

PS-22

1. encontrou
2. fiz / tive
3. fui
4. teve
5. foram
6. quiseram
7. trouxe
8. vim
9. soube
10. disseram

PS-23

1. esquisita / embaraçada
2. sobrenome
3. escritórios
4. firma
5. vasos
6. ninho
7. talheres
8. cadeira
9. esquisita
10. polvo
11. salada

PS-24

1. esteja
2. está
3. esteja
4. reclame
5. seja
6. ache
7. devo / devemos
8. deva
9. seja
10. procure
11. admita

PS-25

1. acordar
2. borrei / borrou
3. feche
4. latir
5. reparei
6. botar
7. tirar
8. brincando / colada

PS-26

1. que
2. quem
3. quem
4. quem / qual
5. que

PS-27 Answers will vary. Suggested answers:

1. alimentos: o sal, o mel, o legume, o leite
2. corpo humano: o sangue, o riso, o nariz, o joelho, a cútis, a dor
3. natureza: a pétala, a oliveira, a macieira, a árvore
4. conceitos abstratos: a análise, a desordem, a origem, o costume, o paradoxo

PS-28

1. tudo
2. Todos
3. todos
4. todas
5. todas
6. todas
7. tudo
8. tudo

PS-29

1. papagaio
2. margem
3. trompete
4. trompetista
5. guia
6. banco
7. testa

PS-30

1. reciclarem
2. começarmos
3. tiverem
4. surgir
5. estiverem
6. precisarmos
7. quiserem
8. estivermos
9. tocar

PS-31

1. sociedade
2. verdade / realidade
3. oportunidades
4. dificuldade
5. comunidades

6. dignidade / igualdade
7. diversidade / dignidade
8. especialidade
9. sociedade

PS-32

1. pagos
2. trazido
3. traído
4. pagado / pago
5. roubado
6. gasto / gastado
7. apresentados
8. conhecido
9. traumatizado

PS-33

1. amorzinho
2. agorinha
3. bonequinha
4. avozinha
5. bonequinha
6. irmãozinho
7. dorzinha
8. pobrezinho

PS-34

1. conseguirmos
2. trabalhar
3. chamarem
4. fazermos
5. encontrarmos
6. terminarmos
7. abusarmos
8. gastarmos
9. irmos

European Portuguese
Answer Key

European Portuguese Answer Key

LIÇÃO PRELIMINAR

PRIMEIROS PASSOS

P-1

1. c
2. b
3. a
4. b

P-2 Answers will vary.

P-3

1. Bom dia
2. Boa tarde
3. Bom dia
4. Boa tarde/Bom dia
5. Boa noite
6. Boa tarde

P-4

1. está
2. estás
3. está
4. estás

P-5

1. Olá!
2. Mal, muito mal.
3. Obrigado. / Obrigada.
4. Até amanhã.

P-6

1. a
2. c
3. b
4. c
5. a

P-7

1. Obrigada/o
2. De nada
3. Com licença / Desculpe
4. Lamento muito
5. Desculpe
6. Por favor

P-8

1. pessimista
2. imparcial
3. materialista
4. tradicional
5. introvertido/a
6. calmo/a

P-9

1. Não, eu não sou impaciente. Sou muito paciente. / Não, não sou impaciente. Sou muito paciente. / Não, eu não sou impaciente. Sou paciente. / Não, não sou impaciente. Sou paciente. / Está à frente. / Está em frente.
2. Não, ele não é materialista. É muito idealista. / Não, ele não é materialista. É idealista. / Não, não é materialista. É muito idealista. / Não, não é materialista. É idealista. / Não, não é materialista. Ele é idealista. / Está em frente.
3. Não, ela não é incompetente. É muito competente. / Não, ela não é incompetente. É competente. / Não, não é incompetente. É muito competente. / Não, não é incompetente. É competente. / Está ao colo. / Está com.
4. Não, eu não sou pessimista. Sou muito otimista. / Não, eu não sou pessimista. Sou otimista. / Não, não sou pessimista. Sou muito otimista. / Não, não sou pessimista. Sou otimista.
5. Não, ela não é tímida. É muito extrovertida. / Não, ela não é tímida. É extrovertida. / Não, não é tímida. É muito extrovertida. / Não, não é tímida. É extrovertida. / Não, não é tímida. Ela é atrevida. / Está atrás. / Está em frente.

P-10 Answers will vary.

P-11 Answers will vary.

P-12

1. d
2. e
3. b
4. c
5. a

P-13

1. está atrás
2. está à frente
3. está ao lado
4. está entre
5. está à frente
6. está entre

P-14 Answers will vary.

P-15

1. sessenta e cinco
2. noventa
3. setenta e quatro
4. dezasseis
5. vinte e oito

P-16

1. dois um, três cinco três, dois seis, nove seis / dois um, três cinco três, vinte e seis, noventa e seis
2. quarenta e um
3. trinta e dois
4. sessenta e oito
5. sessenta e dois euros e cinquenta cêntimos
6. setenta e cinco euros

P-17 Answers will vary.

P-18

1. sábado
2. segunda-feira
3. domingo
4. quinta-feira
5. sexta-feira

P-19 Answers may vary.

P-20

1. setembro
2. janeiro
3. março
4. novembro
5. julho
6. dezembro
7. fevereiro

P-21

1. vinte e nove de agosto / 29 de agosto
2. dezoito de setembro / 18 de setembro
3. vinte e três de outubro / 23 de outubro
4. quinze de novembro / 15 de novembro
5. seis de dezembro / 6 de dezembro

P-22

1. f
2. e
3. b
4. a
5. c
6. d

P-23

1. c
2. a
3. e
4. d
5. b

P-24

1. F
2. F
3. FI
4. F
5. V

P-25

1. Pires
2. onze de abril
3. cabo-verdiana
4. Praia
5. outubro-fevereiro
6. Portuguesa
7. A Sociedade Portuguesa
8. março

LABORATÓRIO

P-26

1. semi-formal
2. formal
3. informal

P-27 Answers will vary. Possible answers:

1. (Eu) Chamo-me… or O meu nome é…
2. Igualmente. or O prazer é (todo) meu.
3. Não, (eu) chamo-me… or Não, o meu nome é…
4. Igualmente. or o prazer é (todo) meu.

P-28

1. a
2. c
3. b
4. c
5. a

P-29

1. o/a senhor/a
2. tu
3. você

P-30

1. MAL
2. BEM
3. ÓTIMA
4. BEM

P-31

1. 3
2. 1
3. 4
4. 2

P-32

1. Até amanhã. / Até amanhã / até amanhã / Até amanhã! / xau / chau
2. Adeus! / Tchau! / Adeus. / Tchau. / Adeus / Tchau
3. Por favor. / Por favor / por favor
4. De nada. / De nada / de nada
5. Até logo. / Até logo / até logo

P-33

1. Não
2. Sim
3. Não
4. Sim

P-34

1. competente
2. moderna, elegante
3. otimista
4. idealista, sincero
5. independente, rebelde

P-35

1. Eu chamo-me
2. animada
3. impulsiva
4. amiga Manuela
5. paciente

P-36

1. Maputo
2. Brasília
3. Lisboa
4. Luanda
5. Porto
6. Praia

P-37

1. l	2. g
3. i	4. b
5. f	6. c
7. k	8. j
9. d	10. h
11. e	

P-38 Recorded answers:

1. É um relógio.	2. É uma cadeira.
3. É uma mochila.	4. É uma calculadora.
5. É uma televisão.	6. É uma mesa.

P-39 Recorded answers:

1. O livro.	2. O relógio.
3. A professora.	4. A Luciana.
5. O quadro.	6. A mesa.

P-40 Answers may vary. Recorded answers:

1. Está em frente da professora.
2. Está em cima da mesa.
3. Está ao lado do quadro.
4. Está ao lado da janela.
5. Está ao lado da Luciana.

P-41 Answers provided in corresponding audio recording.

P-42 Answers: Selected items:

1. B5, B8, B13	2. I16, I18, I21, I22
3. N31, N34	4. G50, G56
5. O67	

P-43

1. 1, 6, 7	2. 5, 5, 10
3. 10, 10, 20	4. 20, 10, 30
5. 30, 20, 50	6. 40, 50, 90
7. 50, 36, 86	8. 20, 48, 68

P-44 Answers provided in corresponding audio recording.

P-45

1. c	2. a
3. b	

P-46 Recorded answers:

1. É quinta-feira.	2. É terça-feira.
3. É sábado.	4. É quarta-feira.
5. É segunda-feira.	6. É domingo.
7. É sexta-feira.	

P-47

1. Não	2. Sim
3. Não	4. Sim
5. Sim	

P-48

1. c	2. e
3. a	4. b
5. d	

P-49 Answers may vary. Recorded answers:

1. Às nove e meia.
2. Às onze e um quarto. / Às onze e quinze.
3. Às duas menos um quarto. / Às duas menos quinze. / Às quinze para as duas. / À uma e quarenta e cinco.
4. Às três e vinte.
5. Às cinco menos dez. / Às dez para as cinco. / Às quatro e cinquenta.

P-50

1. 4	2. 1
3. 2	4. 3

P-51

1. f	2. i
3. h	4. b
5. g	6. c
7. d	8. a
9. e	

P-52

A. Answers will vary. Suggested answers:

Filipa: Vinte e dois anos, estuda Psicologia e está no quinto ano. / Twenty-two years old, studies Psychology, senior (fifth) year.

Adolónimo Aguiar: É de São Tomé e Príncipe, nasceu em Benguela na República de Angola, tem quarenta e um anos e está em Portugal desde 1983. / Is from São Tomé and Príncipe, born in Benguela in the Republic of Angola, is forty-one years old and lives in Portugal since 1983.

Tomás: Quinze anos, um rapaz que se pode considerar normal. / Fifteen years old, an ordinary young man.

Márcio Sampaio: Aluno de Engenharia Geológica e Mineira no Instituto Superior Técnico, vive na Cidade Nova, em Santo António de Cavaleiros que pertence a Loures. / Student of Geological and Mining Engineering at the IST, lives in Cidade Nova, in Santo António de Cavaleiros, which belongs to Loures.

Alexandra Abreu: Vinte e seis anos, médica veterinária, nasceu em Lisboa, mas vive na Ericeira. / Twenty-six years old, veterinarian, born in Lisbon, but lives in Ericeira.

Jorge Barbosa: Quarenta e um anos, vive em Portugal, na Amadora (uma cidade perto de Lisboa), é designer gráfico editorial e trabalha no jornal **Expresso**. / Forty-one years old, lives in Portugal, in Amadora (a town near Lisbon), is an editorial graphic designer and works for the newspaper **Expresso**.

Manuela Cardoso: Quarenta anos, vive num bairro da Amadora, é engenheira civil, trabalha numa empresa de construção (principalmente de obras públicas) e gosta do que faz. / Forty years old, lives in a neighborhood of Amadora, civil engineer, works for a construction company (specializing in public works), and likes what she does.

Carolina Barbosa: Onze anos, vive na Amadora. / Eleven years old, lives in Amadora.

Helena Cabral: Vinte e cinco anos, é professora, vive no Cacém, na linha de Sintra, e trabalha em Lisboa. / Twenty-five years old, a teacher, lives in Cacém, close to the Sintra train line, and works in Lisbon.

B. Answers will vary.

LIÇÃO 1

PRÁTICA

1-1
1. Economia
2. Literatura
3. Sociologia
4. Anatomia

1-2 Answers will vary.

1-3
1. Português
2. livraria
3. mapas
4. no laboratório de línguas
5. computadores
6. Álgebra

1-4
1. b
2. g
3. d
4. e
5. f
6. a
7. c

1-5
1. universidade
2. Português
3. dinâmico
4. falam
5. Matemática
6. comprar
7. caderno
8. escuta

1-6
1. Nós
2. Ele
3. Vocês
4. Eles
5. Tu
6. Eu

1-7
A.
1. tu
2. Nós
3. eu

B.
4. eles
5. tu
6. Eu

C.
7. o senhor
8. Eu

1-8
1. conversa
2. estuda
3. chegam
4. trabalha
5. ando

1-9
1. conversamos
2. trabalha
3. chego
4. jantam
5. estudas
6. compram

1-10
1. Estudo na biblioteca.
2. Não, não trabalho.
3. Falamos português.
4. Dançamos na discoteca.
5. Almoçamos ao meio-dia.

1-11
1. a
2. os
3. o
4. a
5. o
6. os
7. o
8. a
9. o
10. as

1-12
A.
1. Um
2. um
3. Uma
4. uma
B.
5. o
6. a
7. a
8. o
C.
9. os
10. O
11. o
12. as
13. as
14. A
15. a
16. a
D.
17. Umas
18. umas
19. um
20. um
21. Uns
22. um
23. um

1-13
1. Vocês procuram os mapas de Portugal.
2. Nós também dançamos com uns colegas da universidade.
3. Tu e a Clarice compram umas mochilas.
4. Os amigos da Alice estudam muito para as aulas.
5. Os colegas do Ricardo adoram as discotecas.

1-14 Answers will vary.

1-15

1. universidade.
2. cantina da universidade.
3. discoteca.
4. casa.
5. laboratório.
6. bar da faculdade.
7. montanhas.

1-16

1. gosta da cantina universitária, mas não gosta das mesas na cantina.
2. gosta da aula de História, mas não gosta da sala de aula.
3. gosta das sextas-feiras, mas não gosta dos domingos.
4. gosta do restaurante São Jorge, mas não gosta do Café Belém.
5. gosta da praia, mas não gosta do ginásio.
6. gosta da Adélia, mas não gosta dos amigos da Adélia.

1-17 Answers will vary.

1-18

A.
1. do
2. na

B.
3. ao
4. às
5. ao
6. à
7. no

C.
8. no
9. do
10. na
11. na

1-19

1. b
2. c
3. d
4. a

1-20 Answers may vary. Sample answers:

1. Eu estou em casa às oito da manhã. / Eu estou em casa às oito.
2. Vocês estão na biblioteca à uma e meia da tarde. / Vocês estão na biblioteca à uma e meia.
3. Ela está na praia às dez e dez da manhã. / Ela está na praia às dez e dez.
4. Eu e ele estamos na discoteca às nove e quinze da noite. / Eu e ele estamos na discoteca às nove e quinze.
5. Tu estás no laboratório às três e quarenta e cinco da tarde. / Tu estás no laboratório às quinze para as quatro da tarde. / Tu estás no laboratório às quatro menos um quarto da tarde. / Tu estás no laboratório a um quarto para as quatro da tarde. / Tu estás no laboratório às três e quarenta e cinco. / Tu estás no laboratório às quinze para as quatro. / Tu estás no laboratório às quatro menos um quarto. / Tu estás no laboratório a um quarto para as quatro.

1-21 Answers will vary.

1-22

1. d
2. g
3. a
4. c
5. b
6. f
7. h
8. e

1-23

1. Quando
2. Quanto
3. Como
4. Quantos
5. Quem
6. Porque
7. Como
8. Quantas

1-24

1. Quando?
2. Como?
3. Quantas?
4. Quem?
5. Onde?

1-25 Answers will vary.

1-26

1. come
2. escrevo
3. assistes
4. aprende
5. como
6. resistem

1-27 Answers will vary.

1-28

1. mochila, leitor de CDs e papel
2. mochila e canetas
3. cadernos e papel

1-29

1. b
2. b
3. c
4. a

1-30 Answers will vary.

1-31

1. b
2. b
3. a
4. b
5. b
6. b
7. a

1-32 Answers will vary.

1-33 Answers will vary.

1-34

1. c
2. b
3. c
4. b
5. a
6. b
7. c

LABORATÓRIO

1-35
1. a
2. b
3. b
4. b

1-36
1. Verdadeiro
2. Falso
3. Verdadeiro
4. Falta informação
5. Falso
6. Falta informação
7. Verdadeiro
8. Falso

1-37
1. na biblioteca / biblioteca / na Biblioteca / Na biblioteca / Na Biblioteca / Biblioteca
2. Economia
3. difícil
4. Às onze / às onze
5. Jim
6. Às dez

1-38
1. Faculdade de Ciências Sociais e Humanas, Centro de Computadores
2. está nas aulas, estuda
3. biblioteca, café
4. estuda, conversa com amigos
5. em casa
6. estuda, descansa
7. praia, discoteca
8. caminha, anda de bicicleta, dança

1-39 Answers will vary.

1-40
1. a senhora
2. vocês
3. o senhor
4. tu

1-41
1. você
2. eles
3. nós
4. eu, vocês
5. ela
6. você

1-42 Recorded answers:
1. Eu chego às dez da manhã.
2. O Paulo chega às nove da manhã.
3. O João e a Alice chegam às onze da manhã.
4. O Pedro e eu chegamos às duas e meia da tarde.
5. Tu chegas às três da tarde.

1-43
1. Não, não falam.
2. Não, não caminho.
3. Não, não trabalha.
4. Não, não jantamos.
5. Não, não estudo.

1-44 Recorded answers:
1. Escuto os CDs.
2. Tu precisas dos gravadores.
3. Ele compra os cadernos.
4. Precisamos de umas mochilas.
5. Eu danço nos salões.
6. Eles falam com uns estudantes.
7. Você fala com umas senhoras.
8. Há umas cadeiras.

1-45
1. f
2. e
3. c
4. b
5. d
6. a

1-46 Recorded answers:
1. O Tomás está no ginásio às oito.
2. A Rosa está na biblioteca às dez e meia.
3. Nós estamos na faculdade às onze.
4. Eles estão no restaurante à uma.
5. A Ana e eu estamos na aula de Física às duas e vinte.
6. Eu estou em minha casa às sete.

1-47 Answers will vary.

1-48
1. Carlos Rodrigues.
2. O que é que ele estuda?
3. Onde é que ele estuda?
4. Trabalha numa livraria.
5. Em que dias trabalha?
6. Depois das nove da noite.
7. Como é ele?

1-49
1. Sim
2. Não
3. Não
4. Não
5. Sim
6. Sim
7. Sim

1-50
A.
1. Falso
2. Falso
3. Verdadeiro
B.
4. Verdadeiro
5. Falso
6. Verdadeiro
7. Verdadeiro
8. Falso
C.
9. Verdadeiro
10. Verdadeiro
11. Falso
12. Falso
13. Verdadeiro
14. Falso

VÍDEO

1-51
1. Helena
2. Alexandra
3. Helena
4. Helena
5. Alexandra
6. Helena
7. Helena

1-52
1. Física, Matemáticas, Literaturas, gosta de livros, gosta de ler, gosta de escrever.
2. Cultura Clássica, Antiguidade Clássica, a Grécia.

1-53 Answers will vary.

1-54
1. variável
2. às oito
3. 1-2 horas,
4. 5:00 ou 6:00 da tarde

1-56 Answers will vary.

LIÇÃO 2

PRÁTICA

2-1
1. d
2. a
3. e
4. b
5. c
6. f

2-2
1. Alto
2. soLteiro
3. jovEm
4. maGro
5. agRadável
6. pobrE

2-3
1. faladora
2. trabalhador
3. bonita
4. rico
5. curto

2-4
1. cabo-verdiana
2. português
3. brasileira
4. angolano
5. moçambicana

2-5
1. faladora, bonita
2. materialista, velho, loiro
3. populares, inteligentes, atléticas
4. agradáveis, trabalhadores
5. extrovertido, engraçado, simpático

2-6
1. português
2. americano / norte-americano
3. brasileira
4. africanos / lusófonos
5. portuguesa / inglesa / luso-britânica

2-7
1. verde, vermelha, azul, amarela e branca
2. vermelha, preta e amarela
3. verde, branca, preta, amarela e vermelha
4. azul, branca, vermelha e amarela
5. vermelha, amarela, verde e preta

2-8 Answers will vary. Sample answers:
1. As jovens norte-americanas são trabalhadoras e competentes.
2. Os meus amigos são trabalhadores e organizados.
3. A Madonna é famosa e fascinante.
4. O Arnold Schwarzenegger é forte e atlético.
5. Eu sou divertido/a e paciente.

2-9
1. É do José
2. São do Afonso
3. É da Lurdes
4. É da Rita
5. São do Ernesto e da Ana

2-10
1. da
2. do
3. de
4. do, de
5. das, de

2-11 Answers will vary. Sample answers:
1. Sou de…
2. É às…
3. É…
4. É do/da…

2-12 Answers will vary. Possible answers:
1. Olá, Zé. Como estás?
2. Eu também estou bem, obrigada.
3. Estou no hotel.
4. É…
5. É…
6. É/Não é em frente à praia.
7. Volto no dia… Que horas são aí agora?
8. Onde está o pai?

2-13
1. é
2. estão
3. é
4. estamos
5. são
6. é, está
7. está
8. é

2-14
1. é
2. São
3. está
4. é
5. é
6. é
7. é
8. estão
9. está
10. é / está

2-15

1. é	2. está
3. está	4. é
5. são	6. é
7. é	

2-16

1. meu	2. teu
3. tuas	4. minha / tua / nossa
5. meus / teus / nossos	

2-17 Answers will vary. Possible answers:

1. O programa de televisão preferido dele é…
2. O ator preferido dele é…
3. O restaurante preferido dela é…
4. A música preferida dele é…
5. O cantor preferido dela é…

2-18

A.

1. deles	2. deles
3. deles	4. dela
5. dele	

B.

6. nossa / minha	7. dela
8. meu / nosso	9. nossos / meus

2-19

1. d	2. e
3. b	4. a
5. c	

2-20

1. Algarve ao Natural / É Algarve ao Natural
2. Faro / Em Faro / É em Faro / É na cidade de Faro
3. Rua Dr. Monteiro da Costa, 76, 8000 Faro / É Rua Dr. Monteiro da Costa, 76, 8000 Faro
4. 289 824539 / É 289 824539 / 289824539 / É 289824539 / 289-824539 / É 289-824539 / 289824539 / É 289824539 /
5. Pranchas, canoas e fatos de surf / Pranchas, fatos de surf e canoas / Canoas, pranchas e fatos de surf / Canoas, fatos de surf e pranchas / Fatos de surf, pranchas e canoas / Fatos de surf, canoas e pranchas / Oferece pranchas, canoas e fatos de surf / Oferece pranchas, fatos de surf e canoas / Oferece canoas, pranchas e fatos de surf / Oferece canoas, fatos de surf e pranchas / Oferece fatos de surf, pranchas e canoas / Oferece fatos de surf, canoas e pranchas / É pranchas, canoas e fatos de surf / É pranchas, fatos de surf e canoas / É canoas, pranchas e fatos de surf / É canoas, fatos de surf e pranchas / É fatos de surf, pranchas e canoas / É fatos de surf, canoas e pranchas / São pranchas, canoas e fatos de surf / São pranchas, fatos de surf e canoas / São canoas,

pranchas e fatos de surf / São canoas, fatos de surf e pranchas / São fatos de surf, pranchas e canoas / São fatos de surf, canoas e pranchas

2-21 Answers will vary.

2-22 Answers will vary.

2-23

1. Falso	2. Falta informação
3. Falso	4. Falta informação
5. Verdadeiro	6. Falso
7. Falso	8. Falta informação
9. Verdadeiro	10. Falso

LABORATÓRIO

2-24

a. 1	b. 4
c. 3	d. 2

2-25

1. Verdadeiro	2. Falta informação
3. Falta informação	4. Falso
5. Falso	

2-26

1. f	2. a
3. b	4. e
5. d	6. c

2-27 Answers may vary. Possible answers:

RAPAZ: Roberto, português, dezanove, moreno, alto, gosta de música, Universidade Nova de Lisboa, biblioteca

JOVEM: Ana Mota, guineense, vinte e cinco, magra e faladora, escritório, casa

2-28

1. excelente	2. simpático
3. bonita	4. jovens
5. nervoso	6. contente

2-29

1. olhos castanhos, inteligente
2. baixo, tímido
3. olhos azuis, trabalhadoras
4. olhos verdes, faladores

2-30 Recorded answers will vary. Suggested answers:

1. às nove da noite, na universidade
2. às duas da tarde, na biblioteca
3. ao meio-dia, na casa do José
4. às oito da noite, no restaurante
5. às onze da manhã, na Faculdade

2-31

1. é
2. estamos
3. são
4. está
5. estão
6. somos

2-32

1. meus
2. sua
3. nossa / meus, meus / nossa
4. nossos
5. meu
6. teu

2-33 Recorded answers:

1. Não, não é a casa deles.
2. Não, não são os amigos dele.
3. Não, não são os teus lápis.
4. Não, não são os meus livros.
5. Não, não é a família dela.
6. Não, não são os professores dela.

2-34

1. Verdadeiro
2. Verdadeiro
3. Verdadeiro
4. Falta informação
5. Verdadeiro

2-35

1. c
2. b
3. c

2-36

1. Paulo , tomar café / conversar / tomar café e conversar / conversar e tomar café, café / café da biblioteca
2. Inês, praticar português, bar da Faculdade de Letras / bar da Faculdade / bar
3. José, trabalhar, Faculdade

VÍDEO

2-37

1. angolanos, portugueses, espanhóis, franceses, alemães
2. professores, informáticos, vendedores
3. artistas, escritores, músicos

2-38 Answers will vary.

2-39 Answers will vary.

2-40

A.

1. atlético
2. complicado, teimoso, complexo, bem disposto

B.

3. de estatura mediana
4. teimosa, perfeccionista, simpática, extrovertida, boa pessoa

LIÇÃO 3

3-1

1. c
2. f
3. b
4. e
5. g
6. a
7. d

3-2 Answers will vary. Sample answers:

1. Eu nado e apanho sol.
2. Vou todos os domingos.
3. Ouço Música Popular Portuguesa.
4. De manhã.
5. Eles dançam e conversam.

3-3

1. b
2. a
3. c

3-4 Horizontais:

1. canta
2. compra
3. cinemas
4. casa
5. assistir
6. biblioteca
7. nada
8. cinema
9. abrimos
10. como
11. praia
12. ricas

Verticais:

1. come
2. música
3. estuda
4. assiste
5. morar
6. escritório
7. filme
8. toma
9. dançamos
10. fala
11. escreve
12. jogar
13. mar

3-5

1. f
2. c
3. e
4. d
5. a
6. b

3-6 Answers will vary. Sample answers:

1. A Maria vai comprar hambúrgueres, cerveja e refrigerantes.
2. O Tomás e a Cristina vão alugar bicicletas.
3. A Ana vai procurar uma boa seleção de música e vai conversar muito.
4. Eu vou procurar água.

5. O João e eu vamos preparar o frango assado.
6. Todos nós vamos tocar viola.

3-7
1. comem	2. discutem
3. comes	4. discutes
5. come	6. discute
7. comemos	8. discutimos
9. comem	10. discutem

3-8 Answers will vary.

3-9
1. corro	2. nado
3. toco	4. ando
5. pratico	6. danço

3-10 Answers will vary.

3-11
1. vamos	2. vão
3. vai	4. vais
5. vou	

3-12
1. c	2. e
3. a	4. b
5. f	6. d

3-13
1. b	2. c
3. a	4. d
5. e	

3-14
1. e	2. a
3. b	4. c
5. d	

3-15
1. b	2. a
3. d	4. c
5. e	

3-16
1. corro	2. vejo
3. como	4. Estudo
5. Ando	6. Ouço
7. escrevo	8. Danço

3-17
1. Falso	2. Falso
3. Verdadeiro	4. Falso
5. Verdadeiro	

3-18
1. temos	2. temos
3. tenho	4. temos
5. têm	6. tens

3-19
1. 230	2. 465
3. 849	4. 712
5. 974	6. 655

3-20
1. a	2. b
3. a	4. a
5. b	

3-21
1. para	2. pelo
3. por	4. para
5. para	

3-22
1. para	2. pelas
3. para	4. para
5. pela	6. para
7. pelo	

PARA LER

3-23 Answers will vary. Sample answers:
1. Uma marca de café.
2. Fresco, incomparável e estimulante.
3. O Moreno é como um amigo inseparável nos bons e nos maus momentos.
4. Feliz.
5. Café Sical.
6. Tomo de manhã. / Tomo ao pequeno-almoço. / Tomo ao almoço.

3-24 Answers will vary.

3-25 Answers will vary.

3-26
1. V	2. F
3. V	4. F
5. V	6. F
7. V	8. V
9. V	10. F

3-27
Descrição 1
1. Falso	2. Falso
3. Verdadeiro	4. Falso
5. Verdadeiro	

Descrição 2

6. Verdadeiro
7. Falso
8. Verdadeiro
9. Falso
10. Verdadeiro

3-28 Answers will vary. Sample answers:
1. Escuto, sim. / Não, não escuto.
2. Não, não danço. / Danço, sim.
3. Ando, sim. / Não, não ando.
4. Não, não converso.
5. Gosto, sim. / Não, não gosto.

3-29
1. Falso
2. Verdadeiro
3. Falso
4. Falso
5. Verdadeiro
6. Falta informação

3-30 Answers will vary.

3-31
1. peixe, batatas
2. presunto, queijo
3. alface, tomate
4. sumo de laranja, arroz
5. leite, cereal
6. frango, legumes
7. café, pão
8. gelado, fruta

3-32 Answers may vary. Recorded answers:
1. A Olga deve comer peixe.
2. A Olga não deve comer pão.
3. A Olga deve beber sumo.
4. A Olga não deve comer gelado.

3-33 Recorded answers:
1. Você come massa e salada.
2. O Paulo come frango com legumes. / O Paulo come frango com batatas e legumes.
3. A Olga e a Laura comem salada.
4. Nós bebemos refrigerante.
5. Eu como um hambúrguer.

3-34 Recorded answers:
1. A Luciana escreve para o jornal de Juazeiro do Norte.
2. A Renata e a Lígia escrevem para o jornal de Fortaleza.
3. A Maria Luísa escreve para o jornal de Quixeramobim.
4. O Pedro e eu escrevemos para o jornal de Sobral.
5. Os amigos do Roberto escrevem para o jornal de Tauá.

3-35
1. Sexta, 15
2. Sábado, 16
3. Segunda, 11
4. Quarta, 13
5. Terça, 12
6. Quinta, 14

3-36 Answers may vary. Recorded answers:
1. Esta noite, vamos ver televisão.
2. Amanhã, vamos estudar. ou Amanhã, vamos ler.
3. Na quarta, vamos escrever.
4. Na sexta, vamos cantar.
5. No sábado, vamos dançar.
6. No domingo, vamos caminhar.

3-37
1. Falso
2. Verdadeiro
3. Verdadeiro
4. Falso
5. Verdadeiro
6. Falso
7. Verdadeiro
8. Verdadeiro
9. Verdadeiro
10. Falta informação

3-38
1. 287
2. 504
3. 213
4. 704
5. 1.000

3-39
1. 189
2. 293
3. 410
4. 577
5. 886
6. 764
7. 945
8. 638
9. 1.900
10. 1.000.000

3-40
1. para
2. por
3. pela
4. para

3-41
1. a
2. c
3. b
4. b
5. a
6. a

3-42 Primeiro passo:
1. vólei / voleibol
2. televisão
3. cinema
4. passear

3-43 Answers will vary.

3-44
1. Adolónimo
2. Helena
3. Jorge
4. Adolónimo
5. Adolónimo
6. Helena
7. Jorge
8. Helena
9. Jorge
10. Adolónimo

3-45 Answers will vary.

4-1

1. b
2. d
3. e
4. a
5. c

4-2

1. irmã / a irmã
2. primos
3. pai / o pai
4. mãe / a mãe
5. avós/ os avós
6. neto / oneto
7. tio / o tio
8. filha / a filha

4-3

1. Economia
2. Suzana Borges Ribeiro
3. pai
4. Elvira Figueiredo Borges
5. filhos
6. cem

4-4 Answers will vary. Sample answers:

1. A minha família é pequena/grande.
2. Há…
3. Tenho…
4. O meu irmão tem…
5. O meu pai trabalha… A minha mãe trabalha…
6. Eles vivem…
7. Sou…
8. Tenho… / Não tenho…

4-5

1. peço
2. pede
3. sugere
4. prefiro
5. pede
6. prefere
7. sugerimos
8. sugere
9. pede
10. peço
11. sugiro
12. prefere

4-6

1. c
2. a
3. a
4. b
5. a

4-7

1. durmo
2. dormem
3. dorme
4. dormem
5. dormimos

4-8

1. d
2. c
3. b
4. e
5. a

4-9

1. devagar
2. irregularmente
3. informalmente
4. rapidamente

5. calmamente
6. facilmente
7. nervosamente
8. diariamente

4-10

1. normalmente
2. geralmente
3. regularmente
4. frequentemente
5. simplesmente
6. relativamente

4-11 Answers will vary.

4-12

1. saem
2. diz
3. faz
4. saio
5. faço
6. ponho
7. digo
8. traz
9. põe
10. pomos

4-13 Answers will vary, but should contain the following verb forms:

1. faço
2. saio
3. ponho
4. trago
5. saio

4-14

1. faço
2. fazes
3. faço
4. trago
5. trazemos
6. digo
7. digo

4-15 Answers will vary. Sample answers:

1. Faz … que faço ginástica.
   Faço ginástica faz…
2. Há … que quero comprar um computador novo.
   Quero comprar um computador novo há…
3. Faz … que não durmo 10 horas.
   Não durmo 10 horas faz …
4. Há … que não tenho tempo para…
   Não tenho tempo para… há…
5. Faz… que (não) saio com…
   (Não) Saio com… faz…
6. Faz… que (não) ouço…
   (Não) Ouço… faz…

4-16

1. dormiu
2. assistiu
3. tomou
4. foi
5. estudou
6. preparou
7. serviu
8. saiu
9. foram

4-17 Answers will vary. Answers should contain the following verb forms:

1. dormi
2. saí
3. comi
4. telefonei
5. trabalhei
6. …

4-18 Answers will vary.

4-19

1. b
2. c
3. a
4. b
5. d
6. a
7. d
8. a
9. c

4-20

1. interessantes
2. reduzidos
3. dominantes
4. acompanhadas
5. alimentares
6. reformada

4-21 Answers will vary.

4-22

1. b
2. a
3. b
4. a
5. c
6. c
7. b
8. c

4-23

1. maior
2. menor
3. Yanomami
4. peixes-boi
5. surfistas
6. altas
7. cinco
8. maior

LABORATÓRIO

4-24

1. 3
2. 7
3. 2
4. 1
5. 4
6. 5
7. 8
8. 6

4-25

1. dois avôs
2. onze primas
3. um sobrinho
4. dois meios-irmãos
5. dez tios
6. três irmãs
7. sete tias
8. cinco primos

4-26

1. pai
2. irmão / irmão mais velho
3. primo
4. irmão / irmão mais novo
5. tia
6. mãe

4-27

1. Sim
2. Não
3. Não
4. Não
5. Sim

4-28

1. Cristina
2. Ângela
3. Ângela
4. Diogo
5. Conrado
6. Ester
7. Leonor
8. Ernesto
9. Leonor
10. Pedro
11. Ernesto
12. Ester
13. Cristina
14. Pedro

4-29 Recorded answers:

1. No sábado, a Helena dorme dez horas.
2. Na quarta, o Paulo e o Carlos dormem sete horas.
3. Na segunda, nós dormimos seis horas.
4. No domingo, eu durmo nove horas.
5. Na quinta, tu dormes oito horas.

4-30 Recorded answers:

1. O João prefere cerveja. Sirvo cerveja.
2. A Camila e a Helena preferem coca-cola. Sirvo coca-cola.
3. A Laura prefere sumo de laranja. Sirvo sumo de laranja.
4. A Regina prefere vinho. Sirvo vinho.
5. Nós todos preferimos chá. Sirvo chá.
6. Tu preferes água mineral. Sirvo água mineral.

4-31 Recorded answers:

1. Mas eu prefiro água com gás.
2. Mas a Flávia prefere bife.
3. Mas a Flávia prefere refrigerante.
4. Mas eu prefiro torradas.
5. Mas a Flávia prefere massa.
6. Mas eu prefiro sopa de legumes.

4-32

1. b
2. c
3. c
4. b
5. a

4-33

1. a
2. c
3. a
4. c

4-34 Recorded answers:

1. Algumas crianças jogam à bola alegremente.
2. Outras crianças correm rapidamente.
3. Os pais falam com os filhos frequentemente.

4. As mães conversam calmamente.
5. As famílias passam uma tarde de sábado agradavelmente.

4-35

1. Sim	2. Não
3. Sim	4. Sim
5. Não	

4-36 Recorded answers:
1. Eu também faço a cama.
2. Eu também preparo o pequeno-almoço.
3. Eu também trago o jornal.
4. Eu também saio para comprar a comida.
5. Eu também ponho os pratos na mesa.

4-37 Recorded answers:
1. O Carlos diz "obrigado".
2. A Sílvia diz "obrigada".
3. O Pedro e o Mário dizem "obrigado".
4. A Joana e a Rita dizem "obrigada".

4-38

1. 8 anos	2. 4 anos
3. 6 meses	4. 3 anos

4-39

1. Alberto e Cristiano	2. Alberto
3. Cristiano	4. Cristiano
5. Alberto	6. Cristiano
7. Alberto e Cristiano	

4-40

1. Sim	2. Sim
3. Não	4. Não
5. Não	

4-41

1. b	2. a
3. c	4. b
5. c	

4-42
1. marido, filhos
2. 11 e 4 anos / 11 e 5 anos
3. amanhã
4. mãe da Manuela / sogros da Manuela

4-43

1. Sim	2. Não
3. Falta informação	4. Sim
5. Não	

4-44 Answers will vary.

4-45

1. b	2. e
3. d	4. a
5. c	

4-46 Answers will vary.

4-47

1. V	2. F
3. F	4. V
5. F	6. V
7. F	

LIÇÃO 5

PRÁTICA

5-1
1. o quarto de dormir
2. a sala de estar
3. o quarto de dormir
4. a cozinha
5. a sala de jantar, a sala de estar, a cozinha, o terraço
6. a casa de banho
7. o terraço
8. a cozinha
9. a sala de jantar, a sala de estar, o quarto de dormir, a casa de banho
10. a sala de estar, a sala de jantar, o quarto de dormir, a casa de banho

5-2

1. sofá	2. cama
3. poltrona	4. candeeiro
5. varanda	6. escada
7. jardim	8. toalha
9. cozinha	10. tapete
11. garagem	12. armário

5-3

1. b	2. a
3. d	4. e
5. c	

5-4 Answers will vary. Sample answers:
1. As cortinas são…
2. A mesa da sala de jantar é…
3. As plantas são…
4. O sofá é…
5. A casa é…

5-5

1. lavar a roupa	2. limpar o apartamento
3. limpar a churrasqueira	

5-6

1. c	2. e
3. h	4. f
5. j	6. i
7. a	8. d
9. g	10. b

5-7 Answers will vary.

5-8 Answers will vary.

5-9

1. f	2. b
3. e	4. d
5. c	6. a

5-10

1. Ela está a preparar o pequeno-almoço.
2. Eu estou a arrumar os quartos.
3. Ela está a usar o aspirador.
4. Ela está a limpar os quartos de banho.
5. Ele está a arrumar a sala.
6. Ele está a varrer as folhas do jardim.
7. Ela está a dar um passeio com o cão.
8. Nós estamos a lavar o terraço.

5-11

1. tem razão	2. fica com sede
3. estão com fome	4. temos sorte
5. estou com pressa	

5-12 Answers will vary.

5-13 Answers may vary. Possible answers:

1. O Alberto tem sempre muita sorte.
2. A Lisa está com pressa porque a aula começa às dez.
3. Nós temos sempre muito cuidado na estrada.
4. É uma da tarde e os estudantes estão com fome e com sede.
5. Não fica com fome quando não almoça?
6. Eu tenho medo do professor de Biologia.

5-14

1. aquele	2. essa
3. estes	4. esses
5. este	

5-15

1. isso	2. Isto
3. aquilo	4. Aquilo
5. isso	6. Isto

5-16

1. este	2. Naquele
3. destes	4. desses

5. esses	6. estas
7. Essas	8. estas
9. naquele	10. essas

5-17

1. vem	2. dá
3. vem	4. dá
5. vêm	6. dão
7. vimos	8. damos
9. vem	10. dá

5-18

1. lê	2. leem
3. lemos	4. leio
5. lê	6. veem
7. vejo	8. vê
9. vemos	10. vê

5-19

1. vejo	2. vemos
3. damos	4. vens
5. dar	6. dá
7. vejo	

5-20

1. sei	2. sabe
3. conheço, conhecê	4. conheço
5. sabem	6. sabes

5-21

1. conheces	2. Conheço
3. conhecer	4. sabes
5. sei	6. conhece
7. conhecer	

5-22

1. sabem	2. sabe
3. conhece	4. sabe
5. conhecem	

MAIS UM PASSO

5-23

1. levanta-se	2. olha-se
3. enxuga-se	4. veste-se
5. deita-se	

5-24 Answers will vary, but should contain the following:

1. Eu levanto-me…
2. Eu levanto-me… / Eu não me levanto…
3. Eu lavo-me…
4. Eu enxugo-me.

PARA LER

5-25
1. Bancrédito.
2. computador potente, casa, férias, estudos universitários
3. 100 mil euros
4. 12 meses / doze meses, 5 anos / cinco anos
5. a sua assinatura

5-26
1. Falso
2. Verdadeiro
3. Falso
4. Verdadeiro
5. Verdadeiro
6. Falso
7. Falso

5-27
1. limpeza
2. recomendação
3. alegria

5-28 Answers will vary. Sample answers:
A sala é escura. Recomendo pôr luz artificial.
As paredes estão sujas. Recomendo pintar as paredes.
As janelas estão estragadas. Recomendo janelas novas.

5-29 Answers will vary.

HORIZONTES

5-30
1. F
2. F
3. V
4. F
5. V
6. V
7. F
8. F
9. F
10. V

LABORATÓRIO

5-31
1. Não
2. Sim
3. Sim
4. Sim
5. Não
6. Não

5-32 Recorded answers:
1. O chuveiro está na casa de banho. ou O chuveiro está no quarto de banho.
2. O sofá está na sala de estar.
3. A cama está no quarto.
4. O micro-ondas está na cozinha.
5. A sanita está na casa de banho. ou A sanita está no quarto de banho.
6. A mesa grande está na sala de jantar.
7. O frigorífico está na cozinha.

5-33
1. Sofá, Poltrona, Mesa e Cadeiras
2. Frigorífico e Fogão
3. Mesa e Cadeiras
4. Máquina de lavar e de secar
5. Dois roupeiros, Cama, Mesinha, Candeeiro, Televisão, Tapete, Cortinas e quadros

5-34
1. Tomás
2. Tomás
3. Tomás
4. Adriana
5. Adriana
6. Tomás

5-35
1. Dorme até as 9 horas
2. Dorme até as 9 horas e lê o jornal
3. Liga a TV
4. Lava o carro e escuta o rádio
5. Joga ténis
6. Corre na praia
7. Vai a um café
8. Janta em casa de amigos
9. Dança numa discoteca

5-36 Answers will vary. No answers recorded.

5-37
1. b
2. a
3. c
4. e
5. d

5-38 Recorded answers:
1. Mas hoje não estão a trabalhar.
2. Mas hoje não estão a nadar.
3. Mas hoje não está a dormir.
4. Mas hoje não está a almoçar.
5. Mas hoje não estão a servir.
6. Mas hoje não estás a ler.

5-39
1. Está com sono.
2. Está com fome.
3. Está com medo.
4. Está com pressa.
5. Está com sorte.

5-40
1. Falso
2. Verdadeiro
3. Verdadeiro
4. Verdadeiro
5. Falso

5-41 Answers will vary.

5-42

1. perto	2. ao lado
3. longe	4. perto
5. ao lado	6. longe

5-43 Recorded answers:

1. Quero esta revista.
2. Prefiro este micro-ondas.
3. Vou comprar estas cortinas.
4. Quero este quadro.
5. Prefiro estas toalhas.

5-44 Recorded answers:

1. Nesse escritório.	2. Nesse café.
3. Nessa livraria.	4. Nesse parque.
5. Nesses edifícios.	

5-45 Recorded answers:

1. Gosto daquele.	2. Gosto daquelas.
3. Gosto daqueles.	4. Gosto daquela.
5. Gosto daquele.	

5-46

1. Sim	2. Não
3. Não	4. Sim
5. Sim	6. Não
7. Não	

5-47

1. Sabe	2. Conhece
3. Sabe	4. Sabe
5. Conhece	

5-48 Recorded answers:

1. Sei que é de Lisboa.
2. Sei que estuda Economia.
3. Conheço a sua família.
4. Sei que joga futebol muito bem.
5. Sei que toca guitarra.
6. Conheço a namorada dele.

5-49

1. Alfredo	2. Miguel e Alfredo
3. Alfredo	4. Miguel e Alfredo
5. Miguel	

5-50 Recorded answers:

1. A Alice levanta-se às sete e meia.
2. Tu levantas-te às oito.
3. Eu levanto-me às nove.
4. O meu pai levanta-se às seis.

5-51

1. Verdadeiro	2. Falso
3. Falso	4. Verdadeiro
5. Verdadeiro	

VÍDEO

5-52

1. apartamento	2. perto de
3. oito	

5-53 Answers will vary.

5-54

1. uma	2. uma
3. uma	4. dois
5. uma	6. duas
7. uma	8. três

5-55 Answers will vary.

5-56

1. F	2. V
3. F	4. F
5. V	6. V

5-57

1. Helena	2. Tomás
3. Filipa	

5-58 Answers will vary.

LIÇÃO 6

A ROUPA E AS COMPRAS

PRÁTICA

6-1

1. b	2. c
3. d	4. e
5. a	

6-2 Answers will vary. Sample answers:

1. Ela usa um vestido e sapatos elegantes.
2. O José veste um fato e a Gabriela usa uma saia e uma blusa.
3. Uso T-shirt e calças jeans.
4. Ele veste um casaco, cachecol e luvas.
5. Eles usam calções e elas usam biquínis e sandálias.

6-3

1. b	2. b
3. b	4. c
5. c	

6-4

1. c
2. a
3. b
4. b
5. a
6. b

6-5

1. Nós chegámos ao hotel de manhã.
2. A Alice e a Sónia compraram fatos de banho na loja do hotel.
3. Eu bebi um sumo tropical no Bar Copacabana.
4. O Diogo e eu comemos comida cubana no restaurante ao lado do hotel.
5. A Mary usou um biquíni brasileiro na praia.
6. Tu jogaste futebol na praia.

6-6 Answers will vary.

6-7

1. Gostei do fato de banho da Manuela. / Eu gostei do fato de banho da Manuela.
2. Não gostámos do fato do Carlos. / Nós não gostámos do fato do Carlos.
3. Admiraram o vestido de baile da Irene. / Elas admiraram o vestido de baile da Irene.
4. Não apreciaram os brincos e as pulseiras da Nelly. / Vocês não apreciaram os brincos e as pulseiras da Nelly.
5. Detestaram os calções do Raimundo. / Eles detestaram os calções do Raimundo.

6-8 Answers may vary. Suggested answers:

1. A Ellen comprou um cachecol verde e amarelo para o namorado.
2. O namorado da Ellen recebeu um cachecol verde e amarelo. / O namorado recebeu um cachecol verde e amarelo.
3. A Ellen comprou um colar de ametista para a Marta e a Vanessa.
4. A Marta e a Vanessa receberam um colar de ametista.
5. A Ellen comprou dois pares de brincos para a mãe.
6. A mãe da Ellen recebeu dois pares de brincos. / A mãe recebeu dois pares de brincos.
7. A Ellen comprou dois vestidinhos cor-de-rosa para a sobrinha.
8. A sobrinha da Ellen recebeu dois vestidinhos cor-de-rosa. / A sobrinha recebeu dois vestidinhos cor-de-rosa.
9. A Ellen comprou uma gravata de seda para o pai.
10. O pai da Ellen recebeu uma gravata de seda. / O pai recebeu uma gravata de seda.
11. A Ellen comprou uma camisola da seleção brasileira de futebol para as priminhas.
12. As priminhas da Ellen receberam uma camisola da seleção brasileira de futebol. / As priminhas receberam uma camisola da seleção brasileira de futebol.

6-9 Answers will vary. Answers should contain the following verb forms:

1. cheguei
2. fiquei
3. dancei
4. joguei
5. toquei

6-10

1. ser
2. ir
3. ir
4. ser
5. ir
6. ser

6-11

1. foi
2. fomos
3. foi
4. fomos
5. foi
6. foram

6-12

1. Arrumei-a.
2. Varri-as.
3. Comprei-a.
4. Devolvi-os.
5. Servi-o.

6-13

1. os
2. as
3. a
4. o
5. as
6. a

6-14

1. amas-me
2. amo-te
3. te quero
4. ver-me
5. conheço-a
6. espero-te
7. ver-nos
8. me amas
9. Amo-te

6-15

1. servi-la
2. vê-lo
3. trazê-lo
4. experimentá-lo
5. trazê-los
6. experimentá-los
7. levá-lo
8. vesti-lo
9. vê-la

6-16

1. a
2. c
3. c
4. c
5. c
6. a
7. a

6-17

1. por
2. para
3. para
4. para
5. por

6-18

1. para
2. porque
3. por
4. porque
5. para
6. por

6-19

1. biquíni
2. armadura
3. bermudas
4. roupão
5. saltos altos

6-20

1. F
2. V
3. V
4. V
5. F

6-21

1. b
2. c
3. b
4. c
5. b

6-22 Answers may vary.

1. c
2. b
3. a

6-23 Answers will vary.

6-24

1. V
2. F
3. FI
4. V
5. F
6. FI
7. V
8. F
9. F
10. V

LABORATÓRIO

6-25

1. b, d
2. b, c
3. a, c, d
4. a, c

6-26

1. camisa, gravata às riscas, fato azul, meias pretas, sapatos pretos
2. T-shirt, biquíni, chapéu, sandálias
3. saia, blusa, casaco, sapatos

6-27 Recorded answers:

1. Quero usar botas.
2. Prefiro vestir um fato de treino.
3. Vou usar um impermeável.
4. Quero vestir calças jeans.

6-28

1. Sim
2. Não
3. Sim
4. Sim
5. Não

6-29

1. Sim
2. Não
3. Não
4. Sim
5. Não
6. Falta Informação

6-30 Recorded answers:

1. Não, eles já falaram com a empregada ontem.
2. Não, ele já trocou a camisa vermelha ontem.
3. Não, ela já experimentou o vestido ontem.
4. Não, elas já saíram ontem.
5. Não, elas já almoçaram no restaurante ontem.

6-31 Recorded answers:

1. Ele tomou um café às dez e meia.
2. Ele saiu do café dez minutos depois.
3. Ele passou em frente da joalharia.
4. Ele conversou com o empregado da joalharia.
5. Ele caminhou pelo centro comercial.
6. Ele voltou para o café ao meio-dia.

6-32

1. Não
2. Sim
3. Sim
4. Sim
5. Não
6. Não

6-33

1. 1970
2. foi
3. amigo
4. foi
5. foram
6. foi
7. foram
8. Foi
9. foram

6-34 Recorded answers:

1. O Paulinho e a Teresa foram comprar pão.
2. A minha irmã foi buscar a sobremesa.
3. O meu pai e a Marcela foram comprar vinho.
4. O Roberto foi visitar a namorada.

6-35 Recorded answers:

1. Sim, mãe, a Lídia comprou-o.
2. Sim, mãe, lavei-a.
3. Sim, mãe, a Raquel arrumou-os.
4. Sim, mãe, limpei-as.
5. Sim, mãe, o João preparou-o.

6-36 Recorded answers:

1. Sim, compro-os na livraria da universidade. / Não, não os compro na livraria da universidade.
2. Sim, compro-a no hipermercado. / Não, não a compro no hipermercado.
3. Sim, compro-o no supermercado. / Não, não o compro no supermercado.

4. Sim, compro-as em boutiques. / Não, não as compro em boutiques.

5. Sim, compro-os pela Internet. / Não, não os compro pela Internet.

6-37 Recorded answers:

1. A Teresa quer ouvi-la.
2. A Irene quer vê-la.
3. O Mário quer comprá-lo.
4. A Irene quer vesti-la.
5. A Teresa quer experimentá-los.
6. O Mário quer trocá-la.

6-38

1. um CD
2. Maria Helena
3. aniversário
4. um jantar
5. os pais
6. aniversário de casamento
7. uma pulseira
8. sobrinha e afilhada da Norma
9. batizado

6-39

1. a	2. c
3. a	4. a
5. b	

VÍDEO

6-40

1. compra comida, gosta de fazer compras, acha que fazer compras põe a pessoa bem disposta, gosta de comprar roupa
2. evita ao máximo os centros comerciais, odeia fazer compras, acha que é muita confusão

6-41 Answers will vary.

6-42

1. saias	2. calças
3. clássica	4. desportiva
5. levo	6. calças de ganga
7. ténis	8. fato de treino

6-43

1. blusa	2. saia
3. vestido	4. meias
5. camisa	6. sapato
7. camisola	8. T-shirt
9. ténis	10. calças
11. sandálias	12. luvas

6-44 Answers will vary.

6-45

1. c	2. b
3. b	

LIÇÃO 7

PRÁTICA

7-1

1. futebol	2. ciclismo
3. golfe	4. maratona
5. atletismo	6. automobilismo

7-2

1. pista, automoblilismo	2. ciclista, ciclismo
3. barco, vela	4. taco, golfe
5. esquiador, esqui	

7-3

1. na praia	2. tempo fresco
3. esquiar	4. chove
5. no inverno	

7-4

1. b	2. f
3. a	4. e
5. c	6. d

7-5

1. nos	2. lhes
3. lhe	4. lhe
5. lhes	6. me

7-6

1. lhe	2. lhes
3. te	4. lhe
5. lhes	

7-7

1. viu	2. puderam
3. puseram	4. soube
5. quis	

7-8 Answers will vary.

7-9

1. fizeram	2. teve
3. esteve	4. tiveram
5. pôs	6. disseram
7. estiveram	8. deu
9. veio	10. puseram

7-10

1. fui
2. estive
3. pude
4. fizemos
5. vimos
6. foram
7. fizeram
8. Fez/ Esteve
9. disseram/ dissemos
10. foi

7-11

1. dava trabalhos para fazer em casa todos os dias / jogavam futebol durante o recreio, iam para casa às 4 horas
2. tínhamos aula de ginástica todas as semanas
3. jogavam futebol durante o recreio, iam para casa às 4 horas
4. fazia natação depois das aulas
5. jogavam futebol durante o recreio, iam para casa às 4 horas

7-12

1. não ia
2. telefonava
3. não estudavam
4. não tinha
5. não vinha
6. não fazia

7-13

1. ia
2. via
3. praticava
4. andava
5. comia
6. estudava
7. tinha
8. era

7-14

1. Eram
2. abriram
3. choveu
4. estava
5. havia
6. vieram
7. esperavam
8. formaram
9. era
10. fez
11. decidiu
12. gritava
13. recomeçou
14. estava
15. houve
16. ganharam

7-15

1. era
2. fui
3. cheguei
4. fazia
5. descansei
6. estava
7. decidimos
8. queríamos
9. vi
10. comemos

7-16 Answers will vary. Sample answers:

1. Faz um ano que a família Rodrigues foi aos Açores. / A família Rodrigues foi aos Açores há um ano.
2. Faz um mês que eu assisti a um espetáculo de ópera no Teatro de São Carlos. / Eu assisti a um espetáculo de ópera no Teatro São Carlos há um mês.

3. Faz _____ anos que a Irene e eu visitámos o Museu de Arte Antiga. / A Irene e eu visitámos o Museu de Arte Antiga há _____ anos.
4. Faz dois dias que o Cristóvão e a Rosa Maria fizeram vela com os amigos portugueses. / O Cristóvão e a Rosa Maria fizeram vela com os amigos portugueses há dois dias.
5. Faz _____ meses que nós vimos um jogo de futebol no estádio do Benfica. / Nós vimos um jogo de futebol no estádio do Benfica há _____ meses.

7-17 Answers will vary.

7-18 Answers will vary.

7-19

1. F
2. V
3. FI
4. V
5. FI
6. F

7-20

1. F
2. V
3. V
4. F
5. V
6. F
7. FI

7-21 Answers will vary.

7-22 Answers will vary.

7-23

1. Alentejo / Algarve
2. Algarve / Alentejo
3. cúpulas redondas / paredes caiadas de branco
4. paredes caiadas de branco / cúpulas redondas
5. agrícola
6. turismo
7. azeite de oliveira / azeite
8. cortiça
9. Évora

7-24

1. V
2. V
3. V
4. F
5. F
6. V
7. V
8. F

7-25

1. esqui
2. ténis
3. futebol

7-26

1. Falso
2. Falso
3. Verdadeiro
4. Falta Informação
5. Falta Informação
6. Verdadeiro
7. Falso
8. Falso

7-27

1. vela, ciclismo, basquete, futebol
2. ciclismo, basquete, futebol, vólei de praia
3. esqui
4. vela, ciclismo, basquete, futebol, vólei de praia
5. basquete, futebol, vólei de praia
6. vela

7-28

1. Rosa
2. livraria
3. bilhetes para o jogo
4. Helena
5. loja de desporto
6. óculos de sol
7. boutique

7-29 Recorded answers:

1. Sim, perguntei-lhe a data do jogo.
2. Sim, pedi-lhe para assistir ao jogo.
3. Sim, servi-lhes o jantar.
4. Sim, comprei-te um presente.
5. Sim, ofereci-lhe flores.

7-30 Recorded answers:

1. Ela vai comprar-lhes raquetes novas.
2. Ela vai comprar-lhe tacos de golfe.
3. Ela vai comprar-lhe chuteiras novas.
4. Ela vai comprar-te a camisola da nossa equipa.
5. Ela vai comprar-lhes luvas de desporto.
6. Ela vai comprar-me uma bola de futebol.

7-31 Recorded answers:

1. Vieram para a universidade cedo.
2. Tiveram treino de manhã.
3. Trouxeram o equipamento para o campo.
4. Disseram ao treinador para comprar equipamento novo.
5. Fizeram planos para o próximo jogo.
6. Estiveram na universidade até tarde.

7-32 Recorded answers:

1. Mas hoje não foram.
2. Mas hoje não trouxe.
3. Mas hoje não vieram.
4. Mas hoje não fez.
5. Mas hoje não tiveram.
6. Mas hoje não disse.

7-33

1. Verdadeiro
2. Falta Informação
3. Verdadeiro
4. Verdadeiro
5. Falso
6. Falso

7-34 Recorded answers:

1. Brincava muito com os amigos. / Não brincava muito com os amigos.
2. Via televisão à tarde. / Não via televisão à tarde.
3. Recebia muitos presentes no dia dos anos. / Não recebia muitos presentes no dia dos anos.
4. Lia histórias de piratas. / Não lia histórias de piratas.
5. Ia a jogos de futebol americano. / Não ia a jogos de futebol americano.
6. Fazia muito desporto. / Não fazia muito desporto.

7-35 Recorded answers:

1. Antes, ela também saía de casa às sete.
2. Antes, ela também ia directamente para a universidade.
3. Antes, ela também chegava ao ginásio às oito.
4. Antes, ela também corria com os estudantes.
5. Antes, ela também almoçava ao meio-dia.
6. Antes, ela também treinava na piscina todas as tardes.
7. Antes, ela também terminava o trabalho às cinco.
8. Antes, ela também ia a muitas competições.

7-36 Recorded answers:

1. Eles treinavam na universidade.
2. Eles tinham aulas todos os dias.
3. Eles jogavam basquetebol todas as semanas.
4. Eles faziam natação na piscina da universidade.
5. Eles jogavam voleibol na praia aos fins de semana.
6. Eles ganhavam prémios em competições.
7. Eles eram membros da equipa de futebol.
8. Elas faziam muitos amigos nas competições.

7-37

1. Fernanda Ribeiro nasceu em Penafiel.
2. Praticava atletismo no clube de Valongo e no Kolossal.
3. Com 11 anos ganhou o segundo lugar da meia-maratona da Nazaré.
4. Em 1982, ganhou o título regional e nacional na categoria de juniores.
5. Ganhou os 3.000 metros no Campeonato da Europa de Juniores.
6. Tinha como treinador João Campos.
7. Ganhou os 3.000 metros do Campeonato do Mundo em Paris.
8. Medalha de ouro e de prata no Campeonato da Europa em Helsínquia.
9. Representou a Europa na Taça do Mundo, onde ganhou a medalha de prata.
10. Bateu o recorde mundial dos 5.000 metros.
11. Medalha de ouro dos 10.000 metros nos Jogos Olímpicos de Atlanta em 1996.
12. Medalha de bronze nos Jogos Olímpicos de Sydney.

7-38

1. Ação terminada
2. Ação habitual
3. Ação habitual
4. Descrição
5. Ação terminada
6. Ação terminada

7. Ação habitual   8. Descrição
9. Ação terminada   10. Ação terminada
11. Ação terminada   12. Descrição

7-39

1. foi para a Figueira da Foz e o tempo lá estava muito mau
2. podia passar o fim de semana na praia a apanhar sol
3. acha que ninguém esperava aquela tempestade
4. a Anita teve que regressar a Lisboa mais cedo
5. almoçar num bom restaurante

7-40 Recorded answers:

1. A Elisa chegou há dez minutos. / Faz dez minutos que a Eliza chegou.
2. O Armando e a Carolina chegaram há dois minutos. / Faz dois minutos que o Armando e a Carolina chegaram.
3. O Ivo chegou há cinco minutos. / Faz cinco minutos que o Ivo chegou.
4. Os irmãos Castro chegaram há quinze minutos. / Faz quinze minutos que os irmãos Castro chegaram.
5. A Gina chegou há vinte e cinco minutos. / Faz vinte e cinco minutos que a Gina chegou.

7-41

1. falso   2. falso
3. verdadeiro   4. falso
5. verdadeiro   6. falso
7. verdadeiro   8. verdadeiro

7-42

1. um tempo maravilhoso
2. queria
3. estádio
4. tinha
5. decidiu assistir ao jogo/ decidiuver o jogo
6. deu
7. saiu
8. chegar

VÍDEO

7-43

1. c   2. c
3. a   4. d
5. c   6. a

7-44 Answers will vary.

7-45

1. Figo
2. futebol
3. jogou na Seleção Nacional

4. Michael
5. basquetebol
6. está reformado
7. Senna
8. Fórmula Um
9. era piloto

7-46

1. tropical
2. Angola

7-47 Answers will vary.

LIÇÃO 8

FESTAS E TRADIÇÕES

8-1

1. f   2. e
3. c   4. b
5. a   6. d

8-2

1. Independência   2. Natal
3. Graças   4. Carnaval
5. Novo   6. santo

8-3 Answers will vary.

8-4 Answers will vary.

8-5

1. mais   2. a minha irmã
3. menos   4. o meu amigo Paul
5. mais   6. o meu avô
7. mais   8. a família do Paul
9. menos   10. os meus pais
11. mais   12. a minha prima Lila

8-6

1. mais de   2. mais de
3. menos de   4. mais de
5. menos de

8-7

1. menos   2. mais
3. menos   4. mais
5. mais   6. menos

8-8 Answers will vary.

8-9

1. maior   2. maior
3. mais pequeno   4. pior
5. melhor

8-10

1. tão bonita como
2. tão importante como
3. tantas festas, como
4. tanto, como
5. tantos presentes, como

8-11

1. tão
2. tantos
3. tão
4. tanto
5. tantos
6. tão

8-12

1. tão
2. tanto
3. tanto
4. tão
5. tanta

8-13 Answers will vary.

8-14

1. animadíssimas / famosíssimas / divertidíssimas
2. divertidíssimos / animadíssimos
3. famosíssimos / divertidíssimos
4. mais características
5. estreitíssimas
6. variadíssimas
7. os melhores
8. maior

8-15

1. o mais velho
2. o mais alto
3. a mais baixa / a menos alta
4. o mais pesado / o mais gordo
5. menos pesada / a mais leve / a mais magra

8-16

1. connosco
2. sem mim
3. contigo
4. para mim
5. com ele
6. de mim

8-17

1. contigo
2. dela
3. para mim
4. com eles
5. comigo

8-18

1. chama-se
2. divertir-se
3. me preocupo
4. se preocupam
5. se sente
6. levanta-se
7. levanto-me
8. nos levantamos
9. se vestir
10. concentra-se
11. divertimo-nos
12. nos lembramos

8-19 Answers will vary.

8-20

1. NÃO RELIGIOSO
2. RELIGIOSO
3. NÃO RELIGIOSO
4. RELIGIOSO
5. PESSOAL
6. NÃO RELIGIOSO
7. NÃO RELIGIOSO
8. PESSOAL
9. RELIGIOSO
10. NÃO RELIGIOSO

8-21

1. F
2. V
3. V
4. F

8-22

1. F
2. F
3. F
4. V
5. V
6. V
7. F
8. V

8-23

1. ovos de chocolate
2. desfile de escola de samba
3. fantasia

8-24 Answers will vary.

8-25

1. V
2. V
3. F
4. V
5. V
6. F
7. F
8. V
9. V
10. F
11. F
12. V
13. F
14. F
15. V

LABORATÓRIO

8-26

1. a
2. c
3. b
4. c

8-27

1. d
2. b
3. f
4. a
5. e
6. c

8-28

1. Portugal
2. Porto
3. Casa da Música
4. Santos Populares
5. Santo António
6. avenida da Liberdade / Avenida da Liberdade
7. os bairros mais antigos / os bairros da cidade / os bairros

8. a história de Lisboa / a história da cidade
9. passear
10. sardinhas assadas / sardinhas
11. fado
12. São João

8-29
1. Verdadeiro
2. Falso
3. Verdadeiro
4. Verdadeiro
5. Verdadeiro
6. Falso

8-30
1. 22 / vinte e dois
2. 19 / dezanove
3. mais alto
4. mais
5. do que
6. menos
7. do que
8. menos

8-31 Recorded answers:
1. O Rafael é mais alto do que a Márcia.
2. O Rafael é menos alegre do que a Márcia.
3. A Márcia é mais jovem do que o Rafael.
4. O Rafael é mais velho do que a Márcia.
5. A Márcia é mais inteligente do que o Rafael.

8-32
1. Verdadeiro
2. Falso
3. Falso
4. Verdadeiro
5. Verdadeiro
6. Falso
7. Falso
8. Verdadeiro

8-33 Recorded answers:
1. A Lúcia é tão alta como a Ana.
2. A Márcia é mais baixa do que a Lúcia.
3. O Artur é tão forte como o Carlos.
4. A Lúcia é tão loira como a Ana.

8-34 Recorded answers:
1. A Mariana tem tantos carros como a D. Inês.
2. O Sr. José tem tantas casas como a Mariana.
3. A D. Inês tem mais dinheiro do que o Sr. José.
4. A D. Inês tem mais casas do que a Mariana.
5. A Mariana tem tanto dinheiro como o Sr. José.

8-35
1. Vítor, Ângelo
2. Vítor
3. Sérgio
4. Aurélio
5. Sérgio, Ângelo

8-36
1. famosíssimas
2. lindíssimas
3. interessantíssimas
4. importantíssimo
5. ótimo
6. muitíssimos
7. a maior

8-37 Recorded answers:
1. Não, a Ana é a mais estudiosa da turma.
2. Não, a Patrícia e a Sara são as mais simpáticas do grupo.
3. Não, o António é o melhor jogador da equipa.
4. Não, o Carlos é o pior da turma.
5. Não, o Pedro e a Letícia são os mais jovens da turma.

8-38 Recorded answers:
1. Sim, é lindíssima.
2. Sim, é altíssimo.
3. Sim, é interessantíssima.
4. Sim, são caríssimas.
5. Sim, são amicíssimos.

8-39
1. Lucas
2. Patrícia
3. Carlos e Eduardo

8-40 Recorded answers:
1. A Alice levanta-se às sete e meia.
2. O Filipe e o Pedro levantam-se às oito.
3. Eu levanto-me às nove.
4. O meu pai levanta-se às seis.
5. Nos feriados, nós levantamo-nos às dez e meia.

8-41 Recorded answers:
1. Nós também nos olhamos no espelho.
2. Nós também nos vestimos em cinco minutos.
3. Nós também nos divertimos à noite na discoteca.
4. Nós também nos deitamos às onze e meia.

8-42
1. divertir-se
2. vai-se deitar / deita-se
3. se estão a vestir / se vão vestir / se vestem
4. veste-se
5. se sentir / sentir-se / estar / parecer

8-43
1. Verdadeiro
2. Falso
3. Verdadeiro
4. Verdadeiro
5. Verdadeiro
6. Falso
7. Verdadeiro
8. Falso
9. Falso

VÍDEO

8-44 Answers may vary. Possible answers:
A. 1. 1 de janeiro, o primeiro dia do ano.
   2. É um dia de festa, onde a gente toma uma série de decisões sobre o que quer fazer no ano seguinte, o que quer fazer melhor, etc. É um dia alegre.

B. 1. O feriado favorito dele é a Páscoa, por tradição de família.
   2. O pai dele nasceu em Castelo de Vide, no Alentejo, onde a Páscoa tem grande importância.
C. Answers will vary.

8-45

1. c
2. d
3. d
4. a / b

8-46

1. c
2. a
3. b
4. a

LIÇÃO 9

PRÁTICA

9-1

1. d
2. a
3. e
4. b
5. c
6. f

9-2

1. psicólogo
2. advogado
3. empregada de mesa
4. atriz
5. professor

9-3

1. b
2. a
3. d
4. f
5. c
6. e

9-4 Answers will vary.

9-5

1. Procura-se
2. fala-se
3. se aluga / se alugam
4. Vendem-se / Vende-se
5. Pode-se

9-6

1. compram-se livros.
2. fala-se com clientes.
3. escrevem-se notícias e artigos.
4. compram-se roupas.
5. veem-se filmes.
6. nada-se e apanha-se sol.

9-7 Answers may vary. Sample answers.

1. Vende-se equipamento de ténis.
2. Vende-se escritório.
3. Conserta-se eletrodomésticos. / Consertam-se eletrodomésticos.
4. Vende-se computador.
5. Lava-se tapetes e carpetes. / Lavam-se tapetes e carpetes.

9-8 Answers will vary.

9-9

1. queria
2. pôde
3. conheceu
4. conheciam
5. soube
6. telefonou
7. sabia
8. tinha
9. trabalhavam

9-10 Answers will vary.

9-11

1. iam começar / iam acabar
2. ia comprar
3. iam pedir
4. ia falar
5. iam acabar

9-12

1. estava a preparar
2. estavam a falar
3. estava a preparar
4. estava a assistir
5. estava a fazer

9-13

1. d
2. a
3. e
4. g
5. b
6. c
7. f
8. h

9-14

1. Qual
2. Quais
3. Que
4. Quais / Qual
5. Qual
6. Quais / Que

9-15 Answers will vary. Sample answers:

1. Onde trabalha atualmente?
2. Com quantas companhias trabalhou nos últimos 10 anos?
3. De quem são as suas referências?
4. Que línguas fala?
5. Qual é o salário que pretende ganhar?
6. Em caso de acidente, quem devo avisar?
7. Quais são as suas principais preocupações em relação a este emprego?

9-16

1. a
2. b
3. c
4. b
5. a

9-17

1. deem
2. saiam
3. deitem
4. brinquem
5. escrevam

9-18

1. Durma
2. Coma
3. Siga
4. coma
5. Brinque
6. trabalhe

9-19

1. Feche, sim.
2. Fique, sim.
3. Traga, sim.
4. Sirva, sim.
5. Leia, sim.

9-20

1. Abra
2. Compre
3. Leve
4. Guarde
5. Feche

9-21 Answers will vary.

9-22

1. Secretária executiva bilingue / Secretária executiva / Secretária Executiva Bilingue / Secretária Executiva / secretária executiva bilingue / secretária executiva
2. 4 / 4 anos / quatro / quatro anos
3. português-inglês / inglês-português / Português-Inglês / Inglês-Português / Português e Inglês / Inglês e Português / Português e inglês / Inglês e português / português e inglês / inglês e português
4. Curriculum Vitae / Curriculum vitae / curriculum vitae / CV
5. Escritório de Recrutamento, Construitudo, Rua Camões, 45, 4900-360 Viana do Castelo

9-23

1. Falsa
2. Verdadeira
3. Falsa
4. Falsa
5. Verdadeira
6. Falsa

9-24

1. Vendedora / vendedora
2. 45 anos / Quarenta e cinco anos / quarenta e cinco anos
3. Solteira / solteira
4. Programação / programação / Experiência em programação / experiência em programação / Com experiência em programação / com experiência em programação
5. Conhecimento de línguas / conhecimento de línguas / Com conhecimento de línguas / com conhecimento de línguas
6. Curriculum vitae / curriculum vitae / Curriculum Vitae / CV
7. Av. D. João II
8. 1900-001 Lisboa

9-25 Answers will vary.

9-26 Answers will vary.

9-27 Answers will vary.

9-28

1. F
2. V
3. V
4. F
5. V
6. V
7. F
8. V

9-29

1. Ponta Delgada
2. São Miguel
3. sub-tropical
4. montanhas
5. Oceano Atlântico
6. agricultura
7. baleia
8. Rhode Island / Massachusetts
9. Massachusetts / Rhode Island
10. leite / queijo
11. queijo / leite

9-30

1. arquiteto
2. intérprete
3. psicóloga
4. médica
5. advogada
6. mecânico

9-31

1. caixa
2. cozinheiro
3. piloto
4. veterinária
5. ator
6. enfermeira

9-32

1. Cientista / cientista / professor de Ciências / Professor de Ciências / professora de Ciências / Professora de Ciências
2. Jornalista / jornalista
3. Homem de Negócios / Homem de negócios / homem de negócios / Mulher de Negócios / Mulher de negócios / mulher de negócios
4. Polícia / polícia / Mulher Polícia / Mulher polícia / mulher polícia

9-33

1. Falso
2. Verdadeiro
3. Verdadeiro
4. Verdadeiro
5. Falso

9-34

1. café
2. biblioteca
3. campo de ténis
4. cozinha
5. loja
6. banco

9-35 Recorded answers:

1. Aluga-se uma casa na praia.
2. Compra-se roupa usada.
3. Repara-se frigoríficos e fogões. / Reparam-se frigoríficos e fogões.
4. Serve-se comida portuguesa.
5. Faz-se uma entrevista com o candidato.
6. Conhece-se lugares interessantes. / Conhecem-se lugares interessantes.
7. Vende-se um aspirador em ótimo estado.

9-36

1. conheceu
2. sabe
3. queria
4. pôde
5. foi
6. conhecia / trabalhou
7. disse

9-37

1. b
2. c
3. d
4. e
5. a

9-38 Recorded answers:

1. O chefe estava a falar com um cliente importante.
2. A secretária estava a escrever uma carta.
3. Tu estavas a trabalhar no computador.
4. Os meus colegas e eu estávamos a beber café.
5. O Artur e o Felipe estavam a mostrar produtos novos a um cliente.

9-39

1. De onde
2. Para que
3. Para onde
4. Com quem
5. De onde
6. Em que

9-40 Recorded answers:

1. O que é que querias?
2. Que clientes?
3. Qual contrato?
4. Para quem mandaste o fax?
5. Que secretária?
6. Para onde foi?
7. Onde está o dinheiro?
8. Quando é a reunião?

9-41 Answers may vary. Sample answers:

1. Qual é a companhia aérea preferida do turista português?
2. Quais são as melhores qualidades da Air Luso?
3. Quem aprecia o conforto dos aviões da Air Luso?
4. Qual é a melhor publicidade da Air Luso?
5. Qual é nosso destino mais procurado?
6. Para quem é o grande prémio?

9-42

1. Sim
2. Não
3. Sim
4. Sim
5. Não
6. Sim

9-43

1. Verdadeiro
2. Verdadeiro
3. Falso
4. Falso
5. Verdadeiro

9-44 Recorded answers:

1. Lave os pratos com água quente.
2. Seque os pratos com as toalhas pequenas.
3. Ponha a mesa corretamente.
4. Sirva a água com gelo.
5. Arrume a sala depois do almoço.

9-45 Recorded answers:

1. Não, não chamem.
2. Não, não escrevam.
3. Não, não ponham.
4. Não, não enviem.
5. Não, não ajudem.

9-46 Recorded answers:

1. Sirva, sim, por favor.
2. Traga, sim, por favor.
3. Mude, sim, por favor.
4. Não, obrigado, não sirva.
5. Não, obrigado, não traga.
6. Não, obrigado, não sirva.

9-47

1. advogada, cozinhar pratos vegetarianos
2. arquiteto, desportos
3. médica (no futuro), ler livros científicos

9-48

1. Rogério
2. Anita
3. Anita
4. Rogério
5. Rogério
6. Anita

VÍDEO

9-49

1. JORGE
2. MÁRCIO
3. JORGE
4. HELENA
5. MANUELA
6. MÁRCIO
7. MANUELA
8. HELENA
9. MÁRCIO
10. MANUELA
11. JORGE
12. HELENA

9-50

1. Diretora de um departamento / Diretora de departamento / diretora de um departamento / diretora de departamento / Diretora de um Departamento / Diretora de Departamento / diretora dum departamento

2. Comunicação e Animação Social / Comunicação e animação social / comunicação e animação social

3. obter novos aderentes / fazer novos aderentes

4. tirou um curso

9-51 Answers will vary. Possible answers:

1. A Manuela acha que o mercado de trabalho está a passar uma crise muito grande. Principalmente para os jovens que acabaram os seus cursos universitários há pouco tempo ou para as pessoas que têm mais de 45 anos de idade.

2. De acordo com o Márcio, o mercado de trabalho em Portugal está um bocado saturado. Muitas áreas estão complicadas. O facto de ser estrangeiro e angolano dificultou-lhe bastante encontrar trabalho e ele teve muitas recusas por causa de ser estrangeiro.

3. Answers will vary.

LIÇÃO 10

PRÁTICA

10-1

1. e	2. a
3. d	4. b
5. f	6. c

10-2

1. laranja, maçã, banana, morangos
2. cebola, cenoura, tomate
3. queijo, pão, cebola, tomate, carne picada
4. leite, ovos, farinha de trigo, açúcar, manteiga
5. leite, ovos, morangos, natas, açúcar

10-3

1. b	2. a
3. f	4. c
5. e	6. d

10-4

1. levar / preparar / cozinhar, frango assado
2. levar / comprar, cerveja
3. música, procurar / levar / comprar
4. gelado / pão / biscoitos / hambúrgeres, gelado / pão / biscoitos / hambúrgeres

5. sumo
6. levar / comprar / procurar, fruta

10-5 Answers will vary.

10-6

1. vás ao supermercado
2. façam os trabalhos de casa
3. tenha poucas calorias
4. compre a sobremesa
5. limpemos a cozinha
6. almocem bem todos os dias

10-7

1. dê	2. brinque
3. caminhe	4. ponha
5. dê	6. compre

10-8

1. tenham	2. saia
3. cozinha	4. põem
5. chegue	6. comam
7. pede	8. ajude
9. sinta	

10-9

1. durmas	2. comas
3. venhas	4. tragas
5. jogues	

10-10

1. se sintam	2. escolham
3. cheguem	4. serão
5. saiam	

10-11 Answers will vary.

10-12

1. comam	2. queiram
3. saibam	4. se fantasiem
5. adorem	

10-13

1. Acredito que	2. Acho que
3. Talvez	4. É possível que
5. É possível que	6. Duvido que

10-14

1. é	2. haja
3. comece	4. veja
5. encontrem	6. sejam
7. possa	8. visitem
9. tem	10. possa
11. provem	12. oferece

10-15

1. Arruma
2. passes
3. Serve
4. saias
5. Bebam
6. vejam
7. Comam
8. fiquem

10-16

1. d
2. e
3. a
4. c
5. b

10-17 Answers will vary.

10-18

1. FI
2. F
3. V
4. V
5. V
6. F
7. F
8. V
9. V
10. V

10-19

1. d
2. a
3. c
4. f
5. b
6. e

10-20

1. cozinha
2. imigrante
3. mistura
4. colonização
5. adaptação
6. alimento
7. variedade
8. influência
9. celebração
10. contribuição
11. exportação

10-21 Answers will vary.

10-22 Answers will vary.

10-23 Answers will vary.

10-24

1. F
2. V
3. V
4. F
5. V
6. FI
7. V
8. V
9. F
10. V

10-25

1. c
2. d
3. a
4. e
5. b

LABORATÓRIO

10-26 tomate, alface, cenouras, peru, ovos, açúcar, azeite, limões, arroz, carne

10-27

1. Sim
2. Não
3. Não
4. Sim
5. Falta informação

10-28

1. Sim
2. Sim
3. Não
4. Não
5. Não

10-29

1. 1
2. 4
3. 8
4. 5
5. 7
6. 6
7. 2
8. 9
9. 3

10-30

1. Sim
2. Sim
3. Não
4. Sim
5. Não
6. Não

10-31 Recorded answers:

1. Ele quer que o Pedro traga dez maçãs.
2. Ele quer que tu tragas leite.
3. Ele quer que o Paulo e a Teresa tragam açúcar.
4. Ele quer que eu traga manteiga.
5. Ele quer que nós tragamos utensílios para fazer a torta.
6. Ele quer que vocês tragam pratos e talheres para comer a torta.

10-32 Recorded answers:

1. Espero que o Augusto traga as cadeiras.
2. Espero que tu faças os convites.
3. Espero que a Anita receba os convidados.
4. Espero que o Pedro e o Alex convidem os amigos deles.
5. Espero que vocês venham esta noite.
6. Espero que nós cheguemos cedo.

10-33 Recorded answers:

1. Não é bom que comas ovos com presunto.
2. É melhor que não comas um bife grande.
3. Não é conveniente que comas batatas fritas.
4. Recomendo que não comas pão com manteiga.
5. Não é recomendável que bebas cerveja.
6. Não aconselho que comas bolo de chocolate.

10-34

1. a
2. c
3. b
4. b

10-35

1. Não
2. Sim
3. Não
4. Sim
5. Não

10-36 Recorded answers:

1. Duvido que viajes para Paris amanhã.
2. Duvido que compres muita roupa naquela boutique.
3. Duvido que fales japonês fluentemente.
4. Duvido que saibas cozinhar muito bem.
5. Duvido que comas nos melhores restaurantes de Nova Iorque.

10-37 Recorded answers:

1. Come fruta.
2. Caminha de manhã.
3. Levanta-te às oito.
4. Almoça calmamente.
5. Lê um bom livro.
6. Dorme oito horas.

10-38 Recorded answers:

1. Não cortes a alface com a faca!
2. Não ponhas as maçãs ao lado das cebolas!
3. Não frites o peixe em manteiga!
4. Não batas os ovos com leite!
5. Não cozas as batatas agora!
6. Não brinques com as cenouras!

10-39 Recorded answers:

1. Bebe oito copos de água todos os dias.
2. Caminha meia hora depois do jantar.
3. Não comas tanta pizza.
4. Dorme pelo menos sete horas.
5. Faz exercício três vezes por semana.
6. Não bebas cerveja todos os dias.
7. Não compres doces na universidade.
8. Anda de bicicleta todos os fins de semana.

10-40

1. Não
2. Sim
3. Não
4. Sim
5. Não

10-41

1. c
2. d
3. b
4. a

VÍDEO

10-42

1. massas, comidas que engordam, molhos, comida italiana
2. legumes, vários tipos de carne, cozido à portuguesa, arroz
3. prato típico de Benguela, feijão de óleo de palma

10-43

1. Alexandra
2. Adolónimo, Manuela
3. Manuela, Adolónimo, Alexandra
4. Alexandra, Adolónimo, Manuela
5. Adolónimo, Manuela
6. Alexandra, Adolónimo, Manuela
7. Adolónimo

10-44 Answers will vary.

10-45

1. carne
2. peixe
3. arroz
4. mandioca
5. batata doce
6. batata do reino

10-46 Answers will vary.

LIÇÃO 11

PRÁTICA

11-1

1. tronco
2. cabeça
3. tronco
4. membros
5. membros
6. membros
7. membros
8. membros
9. tronco
10. tronco
11. cabeça
12. membros
13. cabeça
14. cabeça
15. cabeça
16. membros
17. cabeça
18. tronco
19. cabeça

11-2

1. estômago
2. ouvido
3. veias / orelha
4. pulmões
5. pescoço
6. pulso
7. cotovelo
8. joelho
9. olhos

11-3

1. garganta inflamada, dificuldade para comer, febre
2. tosse, espirros, febre, braços cansados
3. dores de estômago
4. sentir-se abatido/a, problemas de sangue

11-4 Answers will vary.

11-5 Answers will vary.

11-6

1. vá
2. saias
3. é
4. estar

5. termines
6. tenham
7. pensem
8. te divirtas

11-7

1. gosta / não gosta
2. caminhemos
3. receia
4. gastemos
5. está / não está
6. fiquemos
7. fica / não fica
8. comamos
9. detesta / não detesta
10. joguemos

11-8 Answers will vary. Sample answers:

1. A Júlia espera que nós façamos ginástica todos os dias.
2. Os meus pais receiam que eu fique doente.
3. Tu ficas feliz que o tio José saia do hospital.
4. Eu preocupo-me que a avó Margarida parta uma perna.
5. A minha irmã gosta que eu coma bem.

11-9

1. F
2. FI
3. V
4. F
5. V
6. FI
7. V

11-10

1. V
2. F
3. FI
4. V
5. V

11-11

1. c
2. d
3. e
4. b
5. a

11-12

1. por
2. para
3. para
4. para
5. para
6. pelos
7. para
8. para
9. pelo
10. para

11-13

1. pelas
2. por
3. por
4. para, por
5. para, para
6. para
7. para
8. pelo, pelos
9. pela, por, para

11-14

1. que
2. que
3. quem
4. que
5. quem

11-15

1. que
2. quem
3. que
4. quem
5. quem
6. que
7. quem

11-16

1. FI
2. F
3. V
4. F
5. FI
6. F

11-17

1. b
2. a
3. b
4. c

11-18 Answers will vary.

11-19

1. V
2. FI
3. F
4. FI

11-20 Answers will vary.

11-21

1. FI
2. F
3. F
4. V
5. F
6. FI
7. V
8. FI
9. F
10. V
11. F
12. F

LABORATÓRIO

11-22

1. a
2. a
3. c

11-23

1. Falta Informação
2. Não
3. Falta Informação
4. Sim
5. Sim

11-24

1. Bom
2. Bom
3. Mau
4. Mau
5. Bom
6. Mau
7. Mau
8. Bom

11-25

1. farmacêutico
2. vitaminas mais fortes
3. Forvital 500
4. Forvital 500

11-26

1. e
2. f
3. g
4. a
5. d
6. c
7. b

11-27

1. a, c
2. b, d

11-28

1. Sim
2. Sim
3. Sim
4. Não
5. Sim

11-29

1. Sim
2. Não
3. Sim
4. Não
5. Não

11-30

1. pelo
2. Para
3. para, para
4. pelas
5. para
6. para

11-31 Recorded answers:

1. É para o Paulo.
2. São para a Carla.
3. É para o Renato.
4. É para o Gilberto.
5. É para a Mariana.
6. É para ti!

11-32 Recorded answers:

1. Para o Alfredo, os tratamentos médicos são importantes.
2. Para nós, a cirurgia plástica é muito cara.
3. Para as pessoas idosas, o médico é uma pessoa muito importante.
4. Para as crianças, o hospital não é o melhor lugar do mundo.
5. Para mim, não tomar os medicamentos é absurdo.
6. Para ti, a festa de fim de ano no hospital não vai ser muito divertida.

11-33 Recorded answers:

1. O enfermeiro que trabalha neste andar é muito competente.
2. O médico que está aqui todas as tardes é excelente.
3. O psiquiatra que trata as crianças é muito calmo.
4. A rececionista que trabalha aqui de manhã é cabo-verdiana.
5. O médico que vem aqui hoje mora perto da minha casa.

11-34

1. Sim
2. Não
3. Sim
4. Não
5. Sim

11-35

1. a
2. c
3. a
4. c
5. b

11-36

1. Marina
2. Bárbara
3. Marina
4. Marina
5. Bárbara
6. Bárbara
7. Marina

VÍDEO

11-37 Answers may vary. Possible answers:

1. quando está sozinho.
2. tem uma doença, uma tosse, sente uma coisa esquisita.
3. ficar doente.
4. achar que é saudável.
5. análises anualmente.
6. Answers will vary.

11-38

1. faço
2. fiz
3. disse
4. comer
5. continuar
6. dez quilos / 10 quilos
7. cinco quilos / 5 quilos

11-39 Answers will vary.

11-40

1. c, d
2. a, d

11-41 Answers will vary.

11-42

1. c
2. a , b

11-43 Answers will vary.

LIÇÃO 12

PRÁTICA

12-1

1. e
2. c
3. a
4. b
5. d

12-2
1. passaporte / o passaporte
2. cartão de embarque / o cartão de embarque
3. cheques de viagem / os cheques de viagem
4. alfândega / a alfândega
5. passagem de ida e volta / a passagem de ida e volta

12-3
1. porta-bagagens / porta-bagagem
2. volante
3. cinto de segurança
4. motor
5. para-brisas
6. gasolina
7. pneus

12-4
1. Lavei o carro
2. Aspirei os bancos
3. Limpei o porta-bagagens
4. Mudei o óleo
5. Pus ar nos pneus
6. Enchi o depósito de gasolina

12-5
1. c   2. a
3. b   4. e
5. d

12-6
1. telefone / Skype   2. carta
3. envelope   4. correio
5. selo   6. caixa do correio

12-7
1. V   2. F
3. V   4. F

12-8
1. nunca   2. ninguém
3. nenhum   4. nenhuma
5. nada

12-9
1. nunca   2. nenhum
3. mal   4. Poucas / Nenhumas
5. Nenhum

12-10
1. estude   2. estuda
3. seja   4. é
5. viva   6. vive
7. viaje   8. viaja
9. conheça   10. conhece

12-11
1. V   2. V
3. V   4. F
5. V

12-12
1. sirvam   2. dê
3. publicam   4. moram
5. sejam   6. ensinem

12-13
1. fazem   2. são
3. tenham   4. ofereçamos
5. saiamos   6. façamos
7. passemos

12-14
1. tenha   2. seja
3. cause   4. possam
5. sirvam   6. ofereça

12-15
1. tenha   2. haja
3. seja   4. faça
5. prefira

12-16
1. possas   2. peças
3. percas   4. leves
5. tragas

12-17
1. faças   2. dês
3. esteja   4. se atrase
5. haja

12-18 Answers will vary.

12-19
1. sentasse   2. desse
3. ficasse   4. reservasse
5. inscrevesse 6. fizesse
7. pagasse   8. cancelasse

12-20
1. voltasse aos Estados Unidos
2. fosse seu filho
3. tivesse aulas particulares de português
4. visse televisão até tarde
5. me viessem visitar aos Estados Unidos
6. fosse angolano

12-21
1. cancelassem   2. convidasse
3. fizesse   4. dissesse

2-22

1. 7	2. 4
3. 6	4. 3
5. 2	6. 5
7. 1	8. 8

12-23

1. faça	2. ponham / coloquem
3. respeitar / observar	4. ultrapasse /passe
5. conduzam	6. use / ponha

12-24 Answers will vary.

12-25

1. salas para reuniões, salas equipadas com computador e projetor, internet, autocarro executivo
2. TV cabo, jardins, ginásio, sauna
3. sala de jogos, piscina, mesas de pingue-pongue

12-26 Answers will vary.

12-27

1. Oceano Índico
2. 20 milhões
3. Maputo
4. português
5. Maputo
6. imperador
7. Açores
8. 1975
9. guerra civil
10. ecossistemas
11. gastronomia / cozinha
12. escritora
13. pintor

LABORATÓRIO

12-28

1. 6	2. 3
3. 5	4. 2
5. 4	6. 7
7. 1	8. 8

12-29

1. Maputo	2. 10
3. Lisboa	4. 18A
5. Nova Iorque	6. 22
7. Madrid	8. 30C
9. Luanda	10. 12

12-30

1. Luanda
2. Estudos Africanos

3. Salvador / Salvador da Bahia
4. História do Brasil
5. Nova Iorque / Chinatown
6. Chinês
7. Portugal / Serra da Estrela
8. História da Arte
9. Moçambique
10. Biologia

12-31

1. balcão
2. janela
3. frente / frente no meio da fila
4. mala
5. 22 / vinte e dois

12-32

1. não	2. sim
3. não	4. sim
5. sim	6. não

12-33

1. reserva	2. duplo
3. número	4. estiveram
5. João Cunha	6. formulário
7. bagagem	

12-34

1. não	2. não
3. não	4. sim
5. não	

12-35

1. o motor / motor
2. o radiator / radiador
3. o volante / volante
4. o para-choques / para-choques
5. o cinto de segurança / cinto de segurança
6. o para-brisas / para-brisas
7. o porta-bagagens / porta-bagagens / o porta-bagagem / porta-bagagem
8. a roda / roda
9. a janela / janela

12-36

1. b	2. b
3. a	4. b
5. c	

12-37

1. autocarro, sempre	2. avião, nunca
3. carro, sempre	4. comboio, às vezes
5. metro, sempre	

12-38

1. b
2. a
3. a
4. c
5. a
6. b

12-39 Recorded answers:

1. Não, não vou visitar ninguém.
2. Não, não vou a nenhum concerto esta noite.
3. Não vou nem estudar nem escutar música.
4. Não, não vou escrever nenhuma carta.
5. Não, não vou comer com ninguém. ou Não, não vou comer com nenhum amigo.
6. Não, não vou ler nenhum livro.
7. Não vou fazer nada.

12-40 Recorded answers:

1. Não, ele não está nunca na agência.
2. Não, ele não faz nada na agência.
3. Não, ele não ajuda nenhum passageiro.
4. Não, o Jorge não conhece ninguém. ou Não, o Jorge não conhece nenhum fiscal da alfândega.
5. Não, ele não tem nenhum carro desportivo.
6. Não, o Jorge não está nunca satisfeito.

12-41

1. uma
2. Brasil
3. vá
4. veja
5. visite
6. especial / ótima

12-42 Recorded answers:

1. A Alice é uma pessoa que prefere viajar a estar em casa.
2. A Alice é uma pessoa que vai de moto a muitos concertos.
3. A Alice é uma pessoa que conhece muitas cidades na Europa.
4. A Alice é uma pessoa que nunca conduz em autoestradas.
5. A Alice é uma pessoa que usa a bicicleta na cidade.
6. A Alice é uma pessoa que nunca viaja sozinha.

12-43 Recorded answers:

1. Ele procura um carro que tenha quatro portas.
2. Ele procura um carro que gaste pouca gasolina.
3. Ele procura um carro que tenha ar condicionado.
4. Ele procura um carro que não seja muito caro.
5. Ele procura um carro que seja rápido.

12-44

1. saia / parta / vá
2. haja / tenha
3. apresente / tenha / mostre
4. levante / crie / cause / ponha

12-45 Recorded answers:

1. Precisamos de criar esta campanha para que os motoristas compreendam os perigos.
2. A campanha vai ter resultados positivos desde que seja bem organizada.
3. Os motoristas devem respeitar os limites de velocidade, mesmo que haja pouco trânsito.
4. O carro não deve estar na estrada sem que todos ponham o cinto de segurança.
5. É importante fazer uma manutenção regular, mesmo que o carro não tenha problemas visíveis.
6. Não conduza nunca depois de beber, por mais que você se sinta seguro.

12-46

1. não
2. sim
3. sim
4. sim
5. não

12-47 Recorded answers:

1. Não, ele recomendou que nós comêssemos num restaurante fechado.
2. Não, ele recomendou que nós víssemos o Mosteiro dos Jerónimos.
3. Não, ele recomendou que eu fosse ao Centro Comercial Vasco da Gama.
4. Não, ele recomendou que nós assistíssemos a um espetáculo no Casino Estoril.
5. Não, ele recomendou que eu me sentasse num barzinho da marina de Cascais.
6. Não, ele recomendou que eu fizesse compras no Cascais Shopping.

12-48 Recorded answers:

1. A minha amiga pediu-me que trouxesse alguns CDs.
2. Ela pediu-me que a ajudasse com o carro dela.
3. Ela pediu-me que lhe fizesse uma reserva de hotel.
4. Ela pediu-me que lhe telefonasse à noite.
5. Ela pediu-me que fosse a casa dela no fim de semana.

12-49

1. c
2. a
3. b
4. a
5. b

12-50 Answers may vary. Sample answers:

1. Eles pensam ir nas férias da Páscoa.
2. Macau fica no continente asiático.
3. Eles pedem ao Artur que lhes recomende um bom hotel.
4. Ele gosta do hotel porque é perto da baía da Praia Grande.

5. Ela não gosta de hotéis muito grandes.
6. Os quartos são espaçosos, têm vista para o mar e um serviço muito bom.
7. Eles querem alugar um carro.
8. Eles querem ver todos os locais de interesse como o templo de A-Ma, o Museu Marítimo, o famoso jardim de Lou Lim Leoc, e claro, o jardim de Camões.

12-51

1. Sim	2. Não
3. Não	4. Sim
5. Sim	

VIDEO

12-52

1. Helena, Tomás	2. Helena
3. Tomás	4. Tomás
5. Tomás	

12-53 Answers will vary.

12-54

1. V	2. F
3. F	4. F
5. V	

12-55

1. faz planos, gosta de planos para tudo
2. faz planos, gosta de planos flexíveis, quer espaço para manobra

12-56 Answers may vary. Sample answers:

A.
1. Quando viaja com o pai e a mãe para sítios novos.
2. Quando vai com os amigos.
3. Quando vai ter com a avó ou o pai.

B.
4. Answers will vary.

LIÇÃO 13

O MEIO AMBIENTE

PRÁTICA

13-1

1. f	2. d
3. e	4. a
5. g	6. c
7. b	

13-2

1. d	2. b
3. b	4. a
5. d	6. b
7. d	8. d

13-3

1. energia elétrica e solar
2. transportes coletivos
3. reciclar
4. lixo urbano
5. poluição
6. biodegradáveis

13-4 Answers will vary.

13-5

1. reciclarei	2. recolherá
3. usaremos	4. tomaremos
5. compraremos	6. farei, fará

13-6

1. estarás	2. dependerá
3. estudarás	4. farás
5. terás	6. viverão / sesentirão
7. Haverá / terá	8. terás
9. farás	10. conseguirás / terás
11. serás	12. estarei

13-7

1. poluiremos	2. usarão
3. saberemos	4. viverá
5. poderão	

13-8

1. terminar	2. for
3. acabar	4. terminarmos
5. estiver	6. tivermos
7. puder	

13-9

1. conseguirmos	2. assumirem
3. receber	4. estivermos
5. terminarem	

13-10

1. continuarem	2. tomarem
3. for	4. diminuirmos
5. cuidarmos	6. reagirem

13-11

1. d	2. e
3. a	4. b
5. c	

13-12

1. poderiam
2. reciclariam
3. apagaríamos
4. doariam
5. usaríamos
6. poderiam
7. limitaríamos

13-13 Answers will vary.

13-14

1. tomaríamos
2. visitaríamos
3. trariam
4. deitaria, reciclaria
5. dariam

13-15

1. telefonam-se
2. amam-se
3. se zangam / se insultam, insultam-se / zangam-se
4. se encontram, beijam-se
5. entendem-se
6. vemo-nos

13-16 Answers will vary.

13-17

1. F
2. F
3. V
4. V
5. V
6. V

13-18 Answers will vary.

13-19

1. F
2. V
3. F
4. F
5. F
6. V
7. V
8. F
9. V
10. V
11. F
12. V

LABORATÓRIO

13-20

1. Não
2. Não
3. Não
4. Sim
5. Não

13-21

1. Naide
2. Naide
3. Rui / Naide
4. Rui
5. Naide

13-22

1. b
2. c
3. c
4. b
5. a

13-23 Answers may vary. Possible answers:

1. os problemas ecológicos de Portugal.
2. precisam de reciclar, economizar água, não poluir os rios e os mares, não desmatar as florestas.
3. deve tomar medidas mais enérgicas de proteção à natureza.
4. energia nuclear.
5. são contra a construção de centrais nucleares em Portugal.
6. que a energia nuclear é muito mais barata e menos prejudicial para o ambiente do que a energia que se produz a partir do carvão, do petróleo e do gás.

13-24 Selected answers:

áreas verdes, proteger a natureza, mares e rios, petróleo, reciclar, centrais nucleares, desenvolvimento sustentável, União Europeia, problemas ecológicos, combater incêndios, economizar água, problemas ambientais, não poluir, responsabilidade, carvão, Quercus

13-25

1. Não
2. Não
3. Sim
4. Não
5. Sim
6. Não
7. Sim

13-26 Recorded answers:

1. Reciclaremos as folhas de papel.
2. Recolheremos as latas de alumínio de refrigerantes.
3. Colocaremos os vidros em lugares separados dos alumínios.
4. Os estudantes assistirão a uma conferência sobre o meio ambiente.
5. Plantaremos árvores nos jardins da universidade.
6. A nossa universidade terá mais áreas verdes.

13-27

1. a. estudarão
   b. tiverem
2. a. fará
   b. X
3. a. visitarão / admirarão, admirarão / visitarão
   b. estiverem
4. a. viajarão
   b. X
5. a. ficarão
   b. for
6. a. mandarão
   b. X
7. a. voltará
   b. terminarem

8. a. trabalhará
   b. X
9. a. veremos
   b. X
10. a. passaremos /falaremos, falaremos / passaremos
    b. encontrarmos
11. a. terei / ficarei
    b. X
12. a. terão
    b. voltarem

3-28 Recorded answers:
1. O Augusto e a Suzette vão viajar quando tiverem férias.
2. Eles vão comprar uma televisão nova quando pagarem as contas.
3. Eles precisarão de roupa nova quando emagrecerem.
4. A Suzette pedirá um aumento de salário quando falar com o chefe.
5. Ela vai ligar para o Augusto quando souber do aumento.
6. Eles vão ficar felizes quando fizerem uma viagem a São Tomé e Príncipe.
7. O Augusto descansará mais quando puder trabalhar menos horas.

13-29 Recorded answers:
1. Vais trabalhar no centro de reciclagem se tiveres tempo.
2. Vamos fazer as compras quando tivermos tempo.
3. O Ricardo vai ver o filme sobre o aquecimento global assim que tiver tempo.
4. Vou terminar o projeto enquanto tiver tempo.
5. Vocês vão aprender sobre a agricultura orgânica logo que tiverem tempo.

13-30
1. Paulo   2. Cecília
3. Paulo   4. Ambos
5. Ambos   6. Nenhum
7. Cecília   8. Nenhum

13-31 Recorded answers:
1. Plantaria árvores.
2. Faria trabalho voluntário.
3. Organizaria reuniões.
4. Discutiria os problemas ambientais da cidade.
5. Reciclaria mais vidros e plásticos.
6. Participaria numa campanha para a proteção do meio ambiente.

13-32
1. a   2. b
3. c   4. a

13-33
1. Não   2. Não
3. Não   4. Sim
5. Sim   6. Não
7. Sim

13-34
1. conheceram-se
2. viam-se / viram-se
3. comunicavam / comunicaram / escreveram-se / escreviam-se / contactaram / contactavam / correspondiam se
4. se telefonavam / se falavam
5. se encontraram / se viram
6. abraçaram-se / beijaram-se
7. beijaram-se / abraçaram-se
8. se conheceram
9. entenderam-se /deram-se
10. casaram-se

13-35
1. Sim   2. Não
3. Sim   4. Sim
5. Não   6. Não
7. Sim   8. Sim

13-36
1. no estado do Acre
2. para proteger a floresta amazónica, os povos e as terras
3. o uso da terra como os antepassados a usavam
4. abraçando as árvores
5. pacífico
6. um prémio da Organização das Nações Unidas (ONU)
7. O BID suspendeu financiamentos para a construção da estrada na Amazónia
8. acabariam com as aspirações dos seus seguidores
9. teve repercussão internacional
10. o mundo ainda se inspira nele para lutar pela preservação da Amazónia

VIDEO

13-37 Answers may vary. Possible answers:
1. Sintra fica nos arredores de Lisboa.
2. Os pais da Alexandra vivem perto de Sintra.
3. Sintra é muito bonita, é tudo verde e tem muita história (uma série de palácios).

13-38

1. houvesse
2. espaço verde
3. estádio principal da cidade / estádio da cidade / estádio
4. relvado
5. poeira / pó

13-39 Answers may vary.

1. lixo orgânico (que não é reciclável, portanto não faz parte)
2. as embalagens de vidro
3. as embalagens de plástico
4. outro tipo de embalagens, como latas (embalagens propriamente ditas)
5. o papelão, que é tudo que é de papel e cartão

13-40 Answers will vary.

13-41

1. caixote do lixo
2. caixote do lixo
3. reciclado
4. conhecimento
5. poluição

13-42 Answers will vary.

LIÇÃO 14

A SOCIEDADE

14-1

1. número de anos
2. pessoa responsável pela família
3. número de pessoas
4. dados estatísticos
5. a casa
6. pessoa do sexo feminino

14-2

1. a alfândega
2. a cidade
3. o computador
4. o domicílio
5. a poluição do ar
6. o presidente do país

14-3

1. Não
2. Sim
3. Sim
4. Sim
5. Não

14-4

1. Verdadeiro
2. Falso
3. Falso
4. Verdadeiro
5. Verdadeiro
6. Verdadeiro

14-5 Answers will vary.

14-6

1. mudada
2. interessados
3. decididas
4. abertas
5. excluídas
6. participado

14-7

1. estavam interessados
2. estavam apagadas
3. estavam acesas
4. estavam vestidos
5. estavam vestidas
6. estavam preocupados
7. estava preocupada
8. estavam abertas
9. estavam fechadas

14-8

1. Sim, está apagada
2. Sim, estão trocadas
3. Sim, está arrumado
4. Sim, estão postas
5. Sim, está feita

14-9

1. foi visto
2. foram enviados
3. foram eleitas
4. foram recebidos
5. foi ajudada
6. foram mudados

14-10

1. foi fundada
2. foi publicado
3. foi eleito
4. foram gravados
5. foi construída
6. foram compostas

14-11

1. tem participado
2. têm tido
3. tem vencido
4. tem recebido
5. têm conseguido
6. temos feito

14-12

1. Os homens têm assumido mais tarefas domésticas.
2. O número de imigrantes tem aumentado.
3. Os idosos têm vivido mais anos.
4. O desemprego tem crescido.
5. O número de casamentos tem diminuído.
6. Os jovens têm bebido mais bebidas alcoólicas.
7. Eu tenho trabalhado como voluntária.

14-13 Answers will vary.

14-14

1. tinha fechado
2. tinha visto
3. tinha assistido
4. tinham ido, tinham comido
5. tínhamos visto
6. tinha dito

14-15

1. havia procurado
2. tinham lido
3. tinha falado
4. tinha visto
5. tínhamos consultado
6. havíamos recebido

14-16

1. Algumas mulheres tinham escrito livros.
2. Adelaide Cabete tinha fundado o Conselho Nacional das Mulheres Portuguesas.
3. Outras mulheres tinham sido médicas, engenheiras e advogadas.
4. A maioria tinha trabalhado como doméstica ou professora.
5. Nenhuma mulher tinha sido membro do governo antes de 1971.

14-17 Answers will vary.

14-18

1. V	2. F
3. V	4. F
5. V	6. V
7. F	8. F

14-19 Answers will vary.

14-20

1. 1945
2. Universidade de Lisboa
3. Filologia Germânica / Filologia Alemã
4. Frente de Libertação de Moçambique
5. Tanzânia
6. militar
7. Samora Machel
8. primeiro presidente / presidente
9. Ministra da Educação e da Cultura / Ministra da Educação / Ministra da Educação e Cultura e Ministra da Educação / Ministra da Educação e Cultura e depois Ministra da Educação / Ministra da Educação e Cultura e mais tarde Ministra da Educação / Ministra da Educação e Cultura e depois só Ministra da Educação / Ministra da Educação e Cultura e mais tarde só Ministra da Educação / Ministra da Educação e Cultura e mais tarde somente Ministra da Educação / Ministra da Educação e Cultura e depois somente Ministra da Educação
10. analfabetismo
11. 1989
12. 22%
13. avião
14. assassinato planeado / assassinato
15. fins lucrativos
16. a pobreza
17. as mulheres e as crianças / as crianças e as mulheres / crianças e mulheres / mulheres e crianças
18. Nações Unidas
19. Nelson Mandela
20. doutoramentos

14-21 Answers will vary.

14-22

1. F	2. V
3. F	4. F
5. V	6. F
7. F	8. FI
9. V	10. F
11. V	12. F
13. V	14. V
15. FI	16. V

14-23

1. HELENA	2. HELENA
3. AVÓ	4. HELENA
5. AVÓ	6. HELENA

14-24

1. Não	2. Sim
3. Não	4. Sim
5. Não	

14-25

1. Observatório da Sociedade da Informação.
2. meios de comunicação digital / meios de comunicação
3. centros urbanos.
4. a. 1,3%.
   b. 34%.
   c. 50%.
5. internacionais, privadas
6. 60 computadores e 15 impressoras. / 15 impressoras e 60 computadores. / sessenta computadores e quinze impressoras. / quinze impressoras e sessenta computadores
7. "Navegar é preciso" / Navegar é preciso.
8. governo de Moçambique, empresa norte-americana
9. educação/ governo

14-26

1. d	2. b
3. h	4. f
5. g	6. a
7. c	8. e
9. i	

14-27

1. b	2. d
3. a	4. c

14-28 Recorded answers:
1. Então, a sala já está preparada?
2. Então, todos os bilhetes já estão vendidos?
3. Então, os convites já estão escritos?
4. Então, o diretor já está convidado?
5. Então, as cadeiras já estão arrumadas?

14-29
1. A ditadura é derrubada em 1974 pela Revolução de 25 de abril. / A ditadura é derrubada pela Revolução de 25 de abril em 1974.
2. As mulheres são defendidas pelas organizações feministas.
3. O Presidente da República é admirado por muitos portugueses.
4. Os direitos dos cidadãos são discutidos pelos políticos.

14-30 Recorded answers:
1. As comunicações foram afetadas pelo furacão.
2. Muitos danos foram causados pelo vento.
3. As ruas foram inundadas pela chuva.
4. As comunicações foram interrompidas pelo vento.
5. Dois edifícios foram destruídos pelo furacão.

14-31
1. Não	2. Sim
3. Sim	4. Sim
5. Não	6. Sim

14-32 Recorded answers:
1. Ela não tem ido à universidade.
2. Ela não tem comido muito ao pequeno-almoço.
3. Ela tem visto televisão.
4. Ela tem comido fruta ao almoço.
5. Ela não tem escrito e-mails aos amigos todos os dias.
6. Ela não tem lavado a louça.
7. Ela não tem arrumado a cozinha.
8. Ela tem estado com febre.

14-33 Recorded answers:
1. Temos escrito relatórios.
2. Temos levado os materiais aos professores.
3. Temos feito a lista de estudantes.
4. Temos observado algumas aulas dos professores.
5. Temos atendido os pais na receção da escola.
6. Temos aberto a biblioteca de manhã.
7. Temos posto o equipamento de desporto no ginásio.

14-34
1. Não	2. Sim
3. Sim	4. Não
5. Não	

14-35 Recorded answers:
1. Quando comecei a estudar na universidade, já tinha morado fora de casa. ou
   Quando comecei a estudar na universidade, ainda não tinha morado fora de casa.
2. Quando comecei a estudar na universidade, já tinha conhecido alguns professores. ou
   Quando comecei a estudar na universidade, ainda não tinha conhecido nenhum professor.
3. Quando comecei a estudar na universidade, já tinha lido jornais pela Internet. ou
   Quando comecei a estudar na universidade, ainda não tinha lido jornais pela Internet.
4. Quando comecei a estudar na universidade, já tinha estudado português. ou
   Quando comecei a estudar na universidade, ainda não tinha estudado português.
5. Quando comecei a estudar na universidade, já tinha aberto uma conta no banco. ou
   Quando comecei a estudar na universidade, ainda não tinha aberto uma conta no banco.
6. Quando comecei a estudar na universidade, já tinha viajado para outros países. ou
   Quando comecei a estudar na universidade, ainda não tinha viajado para outros países.

14-36
1. Não	2. Não
3. Sim	4. Sim
5. Não	6. Sim

14-37 Answers may vary.
1. Alemanha, França, Luxemburgo
2. dez / 10.
3. para doze / para 12, Espanha e Portugal / Portugal e Espanha / Portugal e de Espanha / Portugal e da Espanha / Espanha e de Portugal
4. vinte anos de 20 anos de
5. democracia portuguesa, desenvolvimento
6. três / 3; 1992, 2000, 2007
7. económico e social, 2000
8. mobilidade, professores universitários.
9. universidades de outros países / universidades / nas instituiçõc de ensino superior de outros países em outros países, universidade de origem.
10. cursos intensivos, linguística.

VIDEO

14-38 Answers will vary. Possible answers:
1. O casamento é cada vez mais associado a pensamentos e comportamentos negativos. É associado com a prisão.

2. Agora há muita facilidade, toda a gente se casa, como logo a seguir se divorcia. Já não há aqueles valores que os pais e os avós da Filipa tinham.

3. As mudanças são para pior, por exemplo na relação entre pais e filhos já não há tanto respeito.

4. Hoje, às vezes, um filho pega no tabuleiro e vai comer no quarto para ver o computador ou uma série na televisão. E há um tempo atrás a refeição era sagrada, todos tinham que estar à mesa para jantar.

5. Answers will vary.

6. Answers will vary.

14-39

1. um defeito	2. o facto
3. há pouco tempo	4. chegaremos
5. pouca informação	6. leem pouco
7. seguem muito	8. são tendenciosos
9. raciocina	10. a pessoa é bonita
11. pelo conteúdo	12. eleger

14-40 Answers will vary.

LIÇÃO 15

A CIÊNCIA E A TECNOLOGIA

15-1

1. b	2. e
3. d	4. a
5. c	

15-2 Answers will vary.

15-3

1. eletrónicas	2. Internet
3. satélites	4. robôs
5. ensino à distância	6. carros automáticos
7. voz	

15-4

1. V	2. F
3. V	4. F

15-5

1. É possível, É bom, É normal, É recomendável
2. É impossível
3. É recomendável, É bom, É normal
4. É possível, É normal, É recomendável, É bom
5. É possível, É impossível, É recomendável, É bom, É normal

15-6

1. salvar	2. usar
3. pagar	4. ver
5. telefonar	

15-7

1. Ao	2. Depois de
3. Antes de	4. Para
5. Sem	

15-8

1. irmos	2. poderem
3. serem	4. viajarmos
5. analisar	

15-9

1. não usarmos	2. não nos ligarmos
3. fazermos	4. enviarmos
5. respondermos	6. lermos
7. estudarmos	

15-10

1. encontrarem	2. sermos
3. poderem	4. conseguirem
5. sairmos, divertirmos	

15-11

1. c	2. d
3. a	4. e
5. b	

15-12

1. eu teria mais tempo livre
2. não poderiam trabalhar
3. as viagens seriam mais longas
4. teríamos mais trabalho na cozinha
5. não haveria o Windows
6. a nossa comunicação seria mais difícil

15-13

1. não poderei fazer o trabalho
2. ficarei sem saber a resposta
3. descobrirão a cura para a Doença de Parkinson
4. poderemos evitar muitas doenças genéticas
5. perderemos menos tempo a viajar
6. doarei tudo para a pesquisa científica

15-14

1. Diminutivo	2. Aumentativo
3. Diminutivo	4. Diminutivo
5. Aumentativo	6. Diminutivo
7. Aumentativo	8. Aumentativo
9. Aumentativo	10. Diminutivo

15-15

1. cedinho, intensidade
2. pezinho, tamanho / afetividade
3. palavrinhas, afetividade / tamanho
4. livrinho, ironia

5. mulherzinha, ironia

6. amorzinho, afetividade

7. comprinhas, ironia

8. casinha, tamanho /afetividade

15-16

1. carrão
2. narigão
3. casarão
4. dinheirão
5. dramalhão
6. homenzarrão / homenzão

15-17

1. V
2. F
3. V
4. V
5. FI
6. F

15-18 Answers will vary.

15-19 Answers will vary.

15-20

1. b
2. b
3. d
4. b
5. b
6. d
7. b
8. d
9. a
10. c
11. a
12. b

LABORATÓRIO

15-21

1. g
2. b
3. d
4. a
5. h
6. e
7. c
8. f

15-22

1. c
2. c
3. c
4. b
5. a

15-23 Recorded answers:

1. Ao chegar à caixa, a Lídia digitou o código dela.
2. Ao digitar o código, a Lídia errou três vezes.
3. Ao ficar bloqueada a conta, a Lídia não pôde levantar nenhum dinheiro.
4. Ao ficar sem dinheiro, ela não pôde fazer compras no supermercado.

15-24

1. PRESENTE
2. FUTURO
3. FUTURO
4. PRESENTE
5. FUTURO
6. PRESENTE
7. PRESENTE

15-25

1. a
2. c

3. c
4. b
5. c

15-26

1. c
2. a
3. c
4. b
5. c

15-27

1. ler e-mails
2. ter acesso à Internet
3. vamos gastar muito dinheiro
4. não seria tão rápida e constante
5. causaria danos
6. será controlado
7. a exportação deste lixo fosse controlada

15-28

1. DIMINUTIVO
2. AUMENTATIVO
3. AUMENTATIVO
4. DIMINUTIVO
5. AUMENTATIVO

15-29 Recorded answers:

1. Aluguei. Era um carrão, e não um carrinho.
2. Coleciono. São aqueles discões, e não uns disquinhos.
3. Tenho. São duas mesonas, e não duas mesinhas.
4. Estou. É uma dorzona, e não uma dorzinha.

15-30

1. realidade virtual
2. sala da casa / sala da casa dos pais
3. capacete
4. luva especial / luva
5. ver um bom filme / ver um filme
6. doentes virtuais

VIDEO

15-31

1. E-MAIL, PESQUISA
2. E-MAIL, PESQUISA, SALAS DE CHAT

15-32

1. c
2. a
3. c
4. c

15-33 Answers will vary.

15-34

1. b
2. c
3. d
4. a

15-35 Answers will vary.

15-36
1. bastante importante
2. esquecer
3. uma ameaça
4. tiver
5. se pensar
6. as consequências
7. teremos

15-37 Answers will vary.

EXPANSÃO GRAMATICAL (EUROPEAN)

ANSWER KEY

EG-1
1. Comprámo
2. Trazem
3. pô
4. Pu
5. lavá
6. trá
7. buscá
8. fazem

EG-2
1. Nós compramo-los amanhã.
2. Eles aspiram-na duas vezes por mês.
3. Nós lavamo-la todas as semanas.
4. Eles fazem-nas aos sábados.
5. Eles buscam-na depois das compras.

EG-3
1. Pus, sim. Pu-las ontem.
2. Enviámos, sim. Enviámo-los ontem.
3. Fizeram, sim. Fizeram-nas ontem.
4. Vai, sim. Vai buscá-lo amanhã.
5. Fiz, sim. Fi-la ontem.
6. Dão, sim. Dão-nos amanhã.

EG-4
1. c
2. f
3. h
4. b
5. d
6. g
7. a
8. e

EG-5
1. ta
2. mo
3. mo
4. lho
5. no-las
6. lha
7. to
8. ma
9. ma
10. lhos

EG-6
1. Oferecemos-lho, sim.
2. Quero que mos dês, sim.
3. Queremos comprar-lhas, sim.
4. Não lho vai dar, não.

5. Não no-las vão oferecer, não.
6. Não to vou dar, não.

EG-7
1. Proporcionar-lhes-emos paisagens de sonho.
2. O nosso pessoal tomar-lhe-á conta dos filhos.
3. Renovar-lhe-emos o prazer da boa mesa.
4. Os visitantes dar-nos-ão o prazer de os servir.
5. Organizar-lhes-emos excursões magníficas.
6. Quem já esteve na nossa quinta, visitá-la-á de novo.

EG-8
1. Recomendar-lhes-ia um hotel de quatro estrelas.
2. Acompanhá-los-ia durante duas horas.
3. Pagar-me-ia um ordenado razoável.
4. Despedir-nos-ia.
5. Servi-la-íamos um verão.

EG-9 Answers will vary, but should contain the following forms:
1. Visitá-lo-ei...
2. Alugá-la-ei...
3. Construí-la-ia...
4. Oferecer-lhe-ia...
5. Dar-me-ão.../Acho que me darão...

EG-10
1. tenha conseguido
2. tenham promovido
3. tenha aumentado
4. tenhamos estudado
5. tenham terminado

EG-11
1. tenham comprado
2. não tenha conseguido
3. tenhas decidido candidatar
4. tenhamos sido escolhidos
5. tenham sido eliminadas
6. tenha participado

EG-12 Answers will vary. Sample answers:
1. Espero que tenhas visitado a Praia da Rocha.
2. Espero que tenhas visto a estátua de D. Sebastião do escultor João Cutileiro.
3. Espero que tenhas gostado de Sagres.
4. Espero que tenhas feito turismo ecológico.
5. Espero que tenhas visto as amendoeiras em flor.

EG-13
1. b
2. e
3. d
4. a
5. c

EG-14 Answers will vary.

EG-15 Answers may vary. Possible answers:
1. Lamento que eles tivessem bebido muita cerveja.
2. Lamento que ela não tivesse estudado para o exame final.
3. Lamento que ele tivesse usado drogas.
4. Lamento que tu tivesses comido carne estragada.
5. Lamento que eu não tivesse jogado na lotaria.

EG-16
1. Se eles tivessem pesquisado na Internet, teriam sabido o que fazer.
2. Se eles tivessem perguntado a amigos são-tomenses, teriam encontrado um hotel bom e barato.
3. Se eles tivessem comprado o livro *Na Roça com os Tachos*, teriam conhecido melhor a culinária são-tomense.
4. Se eles tivessem caminhado pela floresta tropical, teriam tido uma experiência inesquecível.
5. Se eles tivessem ido à Praia das Sete Ondas, teriam apreciado a beleza do mar de São Tomé.

EG-17
1. teria tido notas mais altas
2. teriam falado português fluentemente
3. teria tido um pouco da inteligência dele
4. não teria podido votar
5. teria sido um astronauta

EG-18
1. Terei comprado um carro novo antes do final do ano.
2. Terei terminado o meu curso universitário em maio.
3. Terei visitado São Paulo antes do Campeonato do Mundo no Brasil.
4. Terei comido bacalhau depois da Fernanda chegar.
5. Terei assistido a um filme no cinema hoje à noite.

EG-19 Answers will vary.

EG-20
1. eu já não estudarei
2. eu construirei uma mansão
3. elas falarão bem português
4. a esposa dele ficará feliz
5. nós não compraremos um novo

EG-21 Answers will vary.

EG-22 Recorded answers:
1. Vamos, sim. Vamos lavá-lo.
2. Fazemos, sim. Fazemo-las todos os dias.
3. Põe, sim. Ele põe-nos na mesa.
4. Lavamos, sim. Lavamo-la sempre depois do jantar.
5. Faz, sim. Ele fá-lo aos domingos.
6. Vai, sim. Ela vai comprá-las amanhã.

EG-23 Recorded answers:
1. Sim, eles vêm visitá-la.
2. Sim, ela fê-lo.
3. Sim, nós pomo-las.
4. Sim, elas imprimiram-nos.
5. Sim, nós vamos convidá-los.
6. Sim, nós vamos construí-la.
7. Sim, ela vai apreciá-los muito.
8. Sim, nós convidámo-las.

EG-24 Recorded answers:
1. Deu-mo o meu pai.
2. Deu-mos a minha mãe.
3. Deram-ma os meus avós.
4. Deram-ma os meus primos.
5. Deu-mos a minha irmã.

EG-25 Recorded answers:
1. Trouxe-lho a Joana.
2. Arrumou-to a empregada.
3. Abriu-lhas o Zé.
4. Fiz-lho eu.
5. Tirei-to eu.
6. Abrimos-lha nós.

EG-26
1. Sim	2. Não
3. Não	4. Sim
5. Sim	6. Não

EG-27 Recorded answers:
1. Ela espera que a Anita tenha corrido meia hora.
2. Ela espera que o Filipe e o Roberto tenham feito os exercícios.
3. Ela espera que a D. Laura tenha nadado vinte minutos.
4. Ela espera que a Eduarda tenha levantado e baixado os braços trinta vezes.
5. Ela espera que os alunos tenham seguido as suas instruções.

EG-28 Answers may vary. Possible answers:
1. Oxalá tenham encontrado uma mesa grande.
2. Oxalá tenham trazido copos que cheguem.
3. Oxalá tenham arranjado cadeiras confortáveis.
4. Oxalá tenham escrito a ordem de trabalhos da reunião.
5. Oxalá tenham arrumado a sala.

EG-29

1. sim
2. não
3. sim
4. sim
5. não
6. sim

EG-30 Recorded answers:

1. Se o Geraldo tivesse ido ao cinema, teria encontrado a Luísa.
2. Se o Geraldo tivesse encontrado a Luísa, teria falado com ela.
3. Se ele tivesse falado com a Luísa, ela tê-lo-ia convidado para um concerto.
4. Se ele tivesse ido ao concerto, teria ouvido o seu cantor preferido.
5. Se o Geraldo tivesse assistido ao concerto na televisão, teria visto os amigos no concerto.

EG-31 Answers will vary.

EG-32

1. sim
2. não
3. não
4. sim
5. não

EG-33 Recorded answers:

1. Assim que ela tiver acabado a conversa, vai sair de casa.
2. Quando ela tiver saído de casa, vai começar a caminhar rapidamente.
3. Quando ela tiver caminhado durante dois minutos, vai entrar numa loja.
4. Quando ela tiver entrado na loja, a câmara vai continuar a filmar a rua deserta.
5. Quando ela tiver ficado cinco minutos na loja, nós vamos ouvir um grito terrível.
6. Se eu tiver conseguido financiamento para o filme, vou convidar-te para o papel principal.

PONTO DE ENCONTRO SAM, EUROPEAN, 2E

ANSWER KEY

PRACTICE FOR SPANISH SPEAKERS

PS-1

a. um
b. uma
c. uma
d. um
e. Duas
f. quatro
g. dez
h. trinta e duas

PS-2

1. open e
2. closed e
3. closed e
4. closed e
5. open e
6. closed e
7. open e
8. open e
9. closed e
10. closed e

PS-3

1. closed o
2. open o
3. closed o
4. open o
5. open o
6. open o
7. closed o
8. open o
9. closed o

PS-4

1. gosta das
2. gostam da
3. gostam da
4. gosto do
5. gostamos de
6. gosta da
7. gosta das
8. gosto do
9. gosta de
10. gostam do
11. gostam das

PS-5

1. uma
2. uma
3. os
4. umas
5. O
6. as
7. um
8. os
9. O

PS-6

1. almoçarão
2. corações
3. dançam
4. opiniões
5. descansarão
6. lições

PS-7

1. são
2. é
3. É
4. é
5. é
6. É
7. está
8. está
9. estão
10. é
11. É
12. estão
13. estão

PS-8

1. vazia
2. bacilo
3. vago
4. bate
5. bebido
6. bela
7. vem
8. vento
9. boa
10. vovó

PS-9

1. vão
2. vais
3. ir embora / ir-me embora
4. vamos
5. vamos
6. vou
7. vais
8. vou
9. vamos
10. vamos
11. Vamos
12. Vamos
13. Vamos

PS-10 Recorded answers should be:

1. rato
2. janela
3. Joana
4. berro
5. ferrão
6. rogo
7. gaja

PS-11

1. almoça
2. prefiro
3. podem
4. preferem
5. preferimos
6. começa
7. podem
8. dormem
9. prefere
10. dormimos
11. dorme
12. dorme
13. começa
14. começo
15. pode
16. quer
17. quer

PS-12

1. casa
2. doze
3. rosa
4. asa
5. Zeca
6. azeitona
7. resumir
8. razão
9. lousa
10. preza

PS-13

1. A Sandra está a aspirar a sala de estar.
2. Eu estou a limpar as casas de banho.
3. Nós todos estamos a deitar fora o que não precisamos mais.
4. O Ricardo e a Laura estão a organizar os armários.
5. Tu estás a lavar o chão da cozinha.
6. O José e eu estamos a varrer o terraço.

PS-14

1. vou lavar esse / vou lavar aquele
2. vamos dar esses / vamos dar aqueles

3. vamos aspirar esse / vamos aspirar aquele
4. vou usar essa / vou usar aquela
5. vamos secar essa / vamos secar aquela
6. vamos arrumar essa / vamos arrumar aquela
7. vou organizar esse / vou organizar aquele
8. vou deitar essas / vou deitar aquelas

PS-15

1. a
2. a
3. b
4. b
5. a
6. a
7. a
8. b
9. b
10. a

PS-16

1. Eu quero-o, sim / Eu quero, sim / Não quero, podes levá-lo / Quero-o, sim / Não o quero, podes levá-lo
2. Eu quero-a, sim / Eu quero, sim / Não quero, podes levá-la / Quero-a, sim / Não a quero, podes levá-la
3. Eu quero-os, sim / Eu quero, sim / Não quero, podes levá-los / Quero-os, sim / Não os quero, podes levá-los
4. Eu quero-o, sim / Eu quero, sim / Não quero, podes levá-lo / Quero-o, sim / Não o quero, podes levá-lo
5. Eu quero-as, sim / Eu quero, sim / Não quero, podes levá-las / Quero-as, sim / Não as quero, podes levá-las
6. Eu quero-a, sim / Eu quero, sim / Não quero, podes levá-la / Quero-a, sim / Não a quero, podes levá-la
7. Eu quero-as, sim / Eu quero, sim / Não quero, podes levá-las / Quero-as, sim / Não as quero, podes levá-las
8. Eu quero-os, sim / Eu quero, sim / Não quero, podes levá-los / Quero-os, sim / Não os quero, podes levá-los
9. Eu quero-o, sim / Eu quero, sim / Não quero, podes levá-lo / Quero-o, sim / Não o quero, podes levá-lo

PS-17 Answers may vary. Recorded answers should be:

1. almofada
2. fazer
3. falar
4. farinha
5. ferro
6. figo
7. filho
8. fio
9. folha
10. fome
11. forno

PS-18 Answers may vary. Suggested answers:

1. Vamos pedir-lhe para não jogar no próximo domingo.
2. Vamos perguntar-lhe os resultados do último jogo.
3. Vamos oferecer-nos para participar do próximo treino.
4. Vamos mostrar-lhe as fotos do jogo do mês passado.
5. Vamos dar-lhe um presente.
6. Vamos explicar-lhe que não podemos treinar no verão.

PS-19

1. a		2. a
3. b		4. b
5. a		6. b
7. b		8. a
9. a		10. b
11. b		

PS-20 Answers will vary.

PS-21 Answers will vary.

PS-22

1. Ganha-se bem.
2. Tem-se um bom seguro de saúde.
3. Oferecem-se excelentes bónus. / Oferece-se excelentes bónus.
4. Proporcionam-se muitas opções de lazer aos funcionários. / Proporciona-se muitas opções de lazer aos funcionários.
5. Pagam-se creches para os filhos dos funcionários. / Paga-se creches para os filhos dos funcionários.
6. Dão-se presentes aos funcionários. / Dá-se presentes aos funcionários.

PS-23

1. encontraste	2. fiz / tive
3. fui	4. tiveste
5. foram	6. quiseram
7. Trouxeste	8. vim
9. soube	10. disseram

PS-24

1. esquisita / embaraçada
2. firma
3. escritórios
4. vasos
5. ninho / ninhos
6. talheres
7. cadeira
8. esquisita
9. polvo
10. salada

PS-25

1. esteja	2. está
3. esteja	4. chame
5. seja	6. ache
7. deve / devemos	8. deva
9. seja	10. procure
11. admita	12. precisamos
13. aconteça	14. posso

PS-26

1. acordar	2. borrei / borrou
3. feches	4. latir
5. reparei	6. tirar
7. brincar	

PS-27

1. que	2. quem
3. quem	4. quem / qual
5. que	

PS-28 Answers will vary. Suggested answers:

1. alimentos: o sal, o mel, o legume, o leite
2. corpo humano: o sangue, o riso, o nariz, o joelho, a cútis, a dor
3. natureza: a pétala, a oliveira, a macieira, a árvore
4. conceitos abstratos: a análise, a desordem, a origem, o costume, o paradoxo

PS-29

1. tudo	2. Todos
3. todos	4. todas
5. todas	6. todas
7. tudo	8. tudo

PS-30

1. papagaio	2. margem
3. trompete	4. trompetista
5. guia	6. banco
7. testa	

PS-31

1. reciclarem	2. começarmos
3. tiverem	4. surgir
5. estiverem	6. precisarmos
7. quiserem	8. estivermos
9. tocar	

PS-32

1. sociedade
2. verdade / realidade
3. diversidade
4. comunidades
5. oportunidades
6. adversidades
7. dificuldade
8. atividades
9. capacidade
10. realidade / verdade
11. facilidade
12. dignidade
13. unidade

PS-33

1. pagos
2. trazido
3. traído
4. pagado / pago
5. roubado
6. gasto / gastado
7. apresentados
8. conhecido
9. traumatizado

PS-34

1. amorzinho
2. agorinha
3. bonequinha / pequenina
4. avozinha
5. bonequinha
6. irmãozinho
7. dorzinha
8. pobrezinho

PS-35

1. conseguirmos
2. trabalharmos
3. chamarem
4. fazer
5. pensares
6. encontrares
7. acabarmos
8. abusarmos
9. gastarmos
10. sairmos